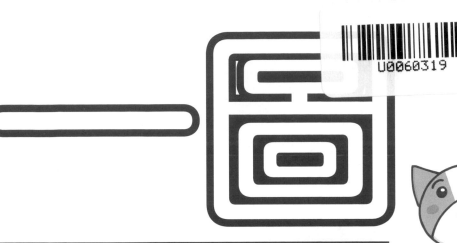

一圖秒懂

房產小百科

秒懂 ③

賣厝阿明 / 著

序

一圖秒懂這本書從２０１６年發落，一開始並沒有出版打算，單純就是覺得買房資訊太過生冷，希望能在網路社群透過圖文對照方式，讓民眾有一個更容易閱讀與理解買房知識型態管道．

一圖秒懂（一）２０１７

在社團分享過程中，開始有新聞媒體合作分享，直接讓一圖秒懂這本書曝光度急速攀升，一圖秒懂（一）２０１７年發行，這是阿明人生第一次出書，除了誠品／金石堂．博客來....還給他上架超商通路呢～

用可愛圖文詮釋生冷買房資訊，很快得到了市場高度關注，
陸續跟內政部地政司，新北市地政局，桃園市地政局，新竹縣／市地政局，
台中市地政局，台南市地政局，金門縣地政處有了合作宣導機會．

一圖秒懂（二）２０２０

阿明在房地產這行業將近３０年，覺得不動產經紀業是一個有文化的行業，只是這個行業過去社會觀感較為沈重，２０２０年我跟臺灣厝買賣文化發展協會共同發行一圖秒懂（二），除了讓一圖秒懂這本書有延續性，也希望能讓更多人知道，有一群人默默在為這個房地產行業文化努力．

一圖秒懂（三）2022

經過七年，一圖秒懂圖文系列在媒體曝光與社群網友大量轉載下破了百萬次，感謝您們的支持與認同，讓阿明在社群媒體創作有了堅持的力量。

（鞠躬）（鞠躬）（鞠躬）

好的，接下來說說這本書唄～

一圖秒懂（三）我們用了交疊式圖＋文呈現，將原來單純的一張圖，變成乾貨滿滿圖文對照，這本書分為七大主題，共有三十九個單元。大致上將目前市面上容易看見／發生問題一次圖解，這本書除了適合對房地產投資理財有興趣的您，也適合想投身這個行業工作的您快快入手～

ＰＳ.擁有這本書的朋友請保留您的購買相關證明單據，因為他會是一個當您發生問題疑慮時，可以快速諮詢阿明的優先渠道呦～

CONTENTS
目錄

≫| 買房

一圖秒懂 專屬建物篇

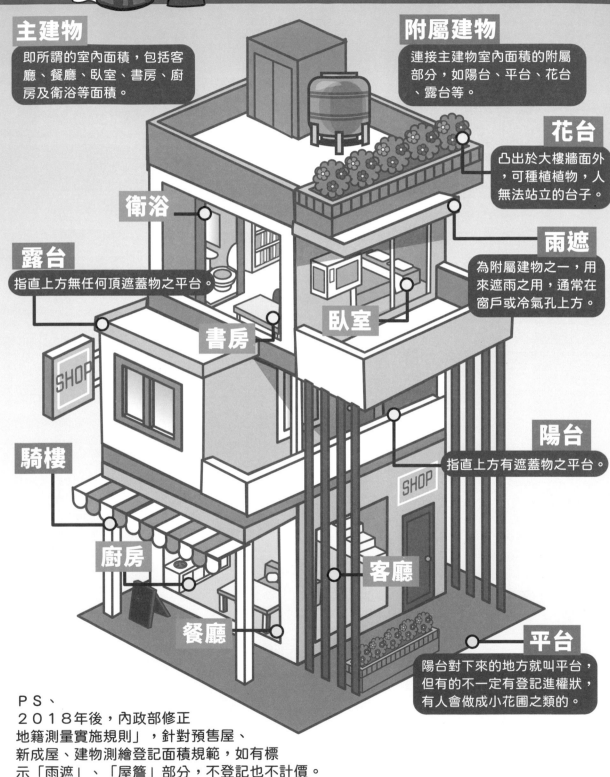

主建物
即所謂的室內面積,包括客廳、餐廳、臥室、書房、廚房及衛浴等面積。

附屬建物
連接主建物室內面積的附屬部分,如陽台、平台、花台、露台等。

花台
凸出於大樓牆面外,可種植植物,人無法站立的台子。

衛浴

露台
指直上方無任何頂遮蓋物之平台。

雨遮
為附屬建物之一,用來遮雨之用,通常在窗戶或冷氣孔上方。

臥室

書房

陽台
指直上方有遮蓋物之平台。

騎樓

廚房

客廳

餐廳

平台
陽台對下來的地方就叫平台,但有的不一定有登記進權狀,有人會做成小花圃之類的。

PS、
2018年後,內政部修正
地籍測量實施規則」,針對預售屋、
新成屋、建物測繪登記面積規範,如有標
示「雨遮」、「屋簷」部分,不登記也不計價。

主建物 附屬建物傻傻分不清楚

買房前一定要先搞懂的事，主建物VS附屬建物

很多民眾在房屋買賣時，
常搞不清楚建物所有權狀中「主建物」、「附屬建物」到底是什麼?差別在哪？

當你在買房拿到的權狀上所登記的面積，就是你房子的總樓板面積，加上一比例
分攤的公設坪數總計而成。買房前要做的事前功課百百種，其中一個關乎你房價
的關鍵就是『坪數』。到底我們一坪幾十萬的買下去，實際可以使用的空間又有
多少？很多民眾在房屋買賣時，常常會搞不懂建物所有權狀中「主建物」、「附
屬建物」到底是什麼？差別在哪？

關於坪數讓阿明先從最基本的主建物VS.附屬建物，來說清楚講明白。

> ### 主建物：室內面積
> 主建物說的就是你買的房屋室內面積，有使用上及構造上獨立性的建築物，
> 購買後可以自由進出。包含客廳、餐廳、臥室、書房、廚房及衛浴等部分。

簡單來說就是可以直接使用到的部分，所以你家到底多大，看主建物就對了。

> ### 附屬建物：專屬使用，但不在室內的面積
> 而附屬建物是指的是連接主建物室內面積的附屬部分，
> 像是從主建物長出去的地方，例如陽台、平台、花台、露台等。

但上方提到的名詞，都有各自的定義：

 花台是凸出於大樓牆面之外，
可種植物、人無法站立的部分。

 陽台指上方有遮蓋物的平台

 露台為上方無任何遮蓋物之平台

 平台為陽台對下來的地方，
不一定登記在權狀內，也有人會做成小花圃。

 雨遮是指「窗戶」或「冷氣孔上方」遮雨用的部分。
距離窗戶或開口上緣不超過50公分的構造物。

> ！ 同時雨遮具有遮雨、遮陽、防止火災延燒、
> 增進建築物立面景觀造型、綠建築以及節能等多重功能。

■ 召集人的推選程序

同樣在《公寓大廈管理條例》第25條第3項及《公寓大廈管理條例施行細則》
第7條有提到–

A 有區分所有權人2人以上（越多越好）的書面推選
，需載明推選人姓名、地址（確認是否符合區分所
有權人條件），經公告10日以上生效

B 沒有其他推選人：
假設在公告10日內，沒有其他推
選人數較多的區分所有權人，則提名的推選人則當
選為召集人。

C 有其他推選人：
在推選召集人公告10日內，有其他
推選人數較多的區分所有權人，則會在被推選次日
起算，公告10日後當選為召集人。

建議要將公告張貼在社區公佈欄或是大門入口明顯的地方。
待上述程序跑完，社區就能合法推選召集人。

阿明提醒大家，召集人並不僅限於沒有管委會的社區需要用到，
如果原先社區的管委會組成有爭議，為了避免住戶無權召開管委會，
也可以採用推選召集人及管委會共同召開的方式來進行大會。

■ 社區管委會可以做什麼?

基本上，管委會存在的角色就像是社區里長的感覺，
社區大大小小的事都一肩扛起。

A 公共空間的管理維護:

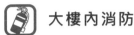 大樓內消防　　　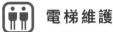 電梯維護

避難逃生　　　 磁磚剝落

水電維護　　　　...等設備及環境清潔等都算在內。

B 對外經營管理:

可以將社區共有部分出租給廠商。

例

放置販賣機　　　　電梯加裝電子廣告看板等...

C 執行社區規約內容:

只要透過社區住戶集體決議事項，管委會就需要落實
執行。例如:寵物規約、陽台鐵窗規定等...

最後阿明提醒大家，就算是有管委會屋齡較高的老舊公寓，
管委會處理問題的態度也很重要，如果是較為消極的管委會，
那可能也只是有名無實，住戶最後還是要靠自己。

房產知識 買房公設篇

★大公
★小公
★水箱
★空調室
★樓梯間
★通道、走廊
★電梯間
★管理室
★門廳
★蓄水池
★配電室、受電室、機械房

大公設	必要性公設	大廳、管理室、配電室、機械房、空調室、蓄水池、消防設備、逃生梯、防空避難室
全體住戶共同使用的空間，其坪數由全社區所有權人持分	非必要性公設	閱覽室、健身房等
小公設	必要性公設	電梯間、樓梯間、樓層通道、走廊等
僅社區某部分特定人使用、持分的空間		

買房公設是在買什麼!?

現在民眾在選擇不動產物件上，都會挑所謂的「低公設」或是舊公寓，實打實買真正可以用得的房子，而不是花錢買公設。

今天阿明從頭帶大家來認識『公設』這個普遍消費者認為是雞肋，食之無味棄之可惜的配置，到底「公設比」是在講什麼東西？我們買房子公設比越低才算好嗎？

■ 『公設比』是什麼？

首先，我們先來解釋一下什麼是『公設比』？『公設比』屬於不動產業界常用的用語，是依據《公寓大廈管理條例》的共有部分來計算，在房屋所有權狀面積中，不算在房屋實際使用坪數所佔的比例。簡言之，就是建商提供的公共設施給社區或全體住戶使用的空間。

例 大廳、走道、樓梯間、游泳池、健身房等等都算在內，其中又以「使用對象」分為大公設及小公設兩種類別。

常見公設分類

A 大公設

由全體住戶共同使用及分攤的設施，像是大廳、水箱、受電室、蓄水池、樓梯間、管理員室、地下室(不含停車格)等。

B 小公設

由該層住戶使用並持分空間，像每層樓的通道、電梯間、門廳等。也就是指你買房的房屋所有權狀內，除了有你的私人空間外，同樣有包含這些公共設施的面積。

Q 如何計算『公設比』？

A · 公式	公設比	公共設施面積 ÷ 建物總坪數面積 × １００％ 建物總坪數面積：主建物＋附屬建物＋共有部分 （扣除車位面積）
B · 範例	例 計算方式	公設８坪、權狀坪數面積４０坪，公設比２０％ ８ ÷ ４０ × １００％＝２０％ 室內實際使用面積大約會落在３２坪

Q 公設比高低差在哪？

公設比低的建案儼然成為大家嚮往的標的物，但事實真的是如此嗎？合適的公共空間是可以讓你的生活環境更舒適，提升居住品質，如果是自己會使用到的公設，當然買到是很值得。但有時候低公設比的物件，並不全然是實際使用面積多。舉例來說，像２０１１年以前申請的建照，雨遮部分是可以登記成附屬建物，但實際上你使用面積根本沒增加。公設比變高有一部分是因為民國９４年建築技術法規修法，８樓以上的建築物要配有２支逃生梯，再加上雨遮部分不計坪不計價，導致公設比變高。影響公設比還有另一個原因『基地大小及戶數多寡』。基地越大，建商可以規劃的建坪相對來得多，戶數一增加平均分攤後，公設比也跟著降低。

■ 以現在房產市場來看，有兩種條件的物件公社比較低

Ⓐ 屋齡高｜有規劃的公設較少，除了大廳及電梯走到外沒有另外的公共空間。

Ⓑ 戶數多　平均分攤公設面積，每戶分到的公設面積變少。

公設比合理範圍

根據市場上有的房屋類型，初步整理常見的公設比範圍給各位參考。

註 實際還是要依照每個建案的規劃為主。

- ● 透天產品、無電梯舊式公寓（5樓含以下）——— 0％-5％
- ● 集合式公寓及社區型透天產品 ——————— 10％-15％
- ● 住宅型華廈（10樓含以下有電梯）————— 18％-22％
- ● 住宅大樓 （11樓以上有電梯）—————— 22％-28％
- ● 商辦大樓 ————————————————— 30％-40％
- ● 新型態住宅大樓 （附設多元休閒設施）—— 35％以上

這邊阿明要提醒各位，如果是有規劃「戶外花園、庭園、游泳池」的建案，是不算在公設比的計算，因為上述的地方屬於法定空地，不能登記坪數。

■ 同場加映：公設評估要點

可以從以下幾點來觀察社區管理是否正常

中古屋

 有沒有人欠繳管理費（從社區佈告欄觀察）

 現有公設是否可正常使用

 頂樓是否有加蓋被封住（會影響逃生）

 安全梯是否順暢無堆放雜物

新成屋

 社區的公設是否符合自己的使用需求

 有無游泳池：要確認社區的游泳池是合法還是非法。（可查閱建照確認）

> **註** 同時要注意是在室內還是室外，部分在室外的游泳池很有可能是
> 消防蓄水池，因為消防蓄水池的設計最多就1．1公尺深。

 車位權狀是否在８－１０坪區間
（低於８坪很有可能車道面積被灌在公設比裡面了）

公寓大廈 各項設施位置圖

蓄水系統
1. 老公寓多在地下室(水箱/蓄水池)
2. 新建物多將「水塔」設在「屋頂突出物/頂樓」位置。

加壓馬達
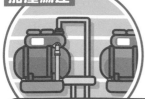

通常設置於頂樓水錶水塔附近。
高度超過60公尺的建案(約14層樓)部分建商會裝在『中繼水箱』機房。

中繼水箱
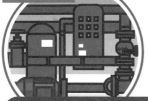

大多在整棟樓的中間樓層。(以 16 樓大樓來說，可能會設置在 6-8 樓)

消防設施

家中各空間天花板上方，公共空間每20到30公尺要設置一個。

逃生門

八層樓以上的大樓，每個樓層要備有2個逃生梯安全門。

當層排氣孔
各樓層房屋外部獨立對外排氣管道(孔)。

室內管道
常見於衛浴旁。(冷熱水管、排水管、糞管等)

緩降(逃生)梯
陽台或樓梯間。

受信總機
社區管理室(有人值班的地方)。

公共管道
通常在電梯或地下室。
(電線/網路/瓦斯等)

垃圾處理
大多在地下室或一樓公共空間，方便垃圾車進出

發電機/配電室
通常設置在地下樓層。

汙水處理
1. 舊社區多設置在大樓最底層。
2. 新大樓通常會接到公共管道處理。

公寓大廈 設施位置圖 公共設施

很多人都知道管理室，停車場，中庭花園，書報閱覽室..這些每天會經過的公共設施~但很多人肯定不清楚真正跟我們生命財產息息相關的公共設施有哪些，在哪裡!阿明知道你得明白，請安心服用這張，公寓大廈相關設施位置圖。

蓄水系統

老公寓蓄水池因多半設置在陰暗地下室，稱為水箱，但因為位置會跟地面等高或是比地面低，容易讓污水流進蓄水池，導致自來水有二次汙染的可能。為了改善水質及符合建築法規規定，新建物多數將「水塔」設在「屋突」位置。

加壓馬達

通常設置於頂樓水錶水塔附近。
高度超過60公尺的建案（約14層樓）
部分建商會裝在『中繼水箱』機房。

消防設施（防火器/偵煙器）

會在家中各空間天花板上方，
而公共空間則是每20到30公尺要設置一個。

垃圾處理

大多建案會規劃在地下室或是一樓的公共空間，
方便垃圾車進出，確切位置也可以從竣工圖上方確認。

中繼水箱

大多在整棟樓的中間樓層（以 16 樓大樓來說，可能會設置在 6-8 樓）
現在許多新案標榜無中繼水箱，主要是因為建商使用了較新的幫浦設備與技術，使供水不再成為問題，並改將消防幫浦同時設置於地下室及屋頂，如此就不會有中繼水箱干擾中樓層住戶，導致容易漏水、吵雜等問題。
一般來說，大樓的自來水是先送到大樓地下室蓄水，再由揚水馬達抽到樓頂，隨著近幾年機電設備大幅提升，林經理表示，現在的揚水馬達技術已可打到250公尺、約65層樓高度，因此就不再需要供水用的中繼水箱，但由於水錘效應的關係，原則上揚水馬達也不會打到那麼高。

發電機

可以透過竣工圖，查看是否標註在地下室平面圖。
同時確認原先建商交給政府的「消防安檢資料（消防安全設備檢查報告表）」
上方應該會有發電機的資料，也可能有文字描述發電機位置所在。
安檢資料可能會跟竣工圖說一起保管，也有可能是消防局保存。

配電室

只要面積超過兩千平方公尺，
或是一千平方公尺、六樓以上的建築物，
都有這樣的配電室。

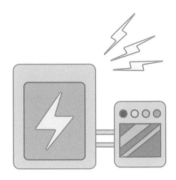

逃生門

八層樓以上的大樓，
每個樓層要備有2個逃生梯安全門

當層排氣孔

不是每棟大樓都有此設計，
可查看大樓各樓層之房屋外部是否有獨立對外排氣管道來做參考依據。

室內管道間

通常會固定在幾個地方，室內常見於衛浴旁，
浴室因管線眾多，包括冷熱水管、排水管、糞管等。

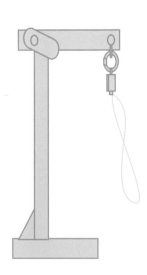

緩降(逃生)梯

民眾可以查閱消防圖說，
知道緩降機設置的位置是否會在自己的家中。
依規定集合住宅2樓以上10樓以下，
所有住戶人數的總和在30人以上100人以下時，
須設置一具避難器具，超過100人以上時，
每多100人也需要增設一具緩降機。

受信總機

是大樓的心臟，如果建築物發生火災，
會顯示火警的地點並即時通報，
通常會設在社區管理事有人值班的地方。

公共管道

公共管道空間通常位在電梯旁及大樓地下室，
放大樓所有線路，如電線、瓦斯、網路、電纜等，
都是先經由公共管道間再拉至各戶室內。

汙水處理

舊型社區建案大多設置在大樓的最底層，
而近年來建築技術改良，
新大樓的污水處理通常會直接接到公共管線處理。

■ 可以向政府單位申請資料嗎？

像這種關於大樓消防的位置圖或是結構圖，民眾是可以向政府單位申請
的。只要向各地方政府的建管科提出檢附資料，就可以辦理喔！只要你
是「建物所有權人」、「起造人」、「承租人」、「公寓大廈管理委員
會（依公寓大廈管理條例規定最新報備完成者）」或是「利害關係人」
，是可以提出申請的。

■ 檢附證件

申請書
（需要寫清楚地址、地號及申請用途)

身分證件
申請人(所有權人)身分證影本及簽章。

如果是法人申請，需附公司登記表影本或法人登記證書影本，及加蓋大
小章；如果是承租人者附房屋租賃契約書影本；如果是公寓大廈管理委
員會要附上備查公函影本、主任委員身分證影本、及蓋管委會、主任委
員印章；如果是利害關係人需檢附利害關係存在之相關行政機關或法律
爭訟證明文件。委託人要有委任書及代理人身分證件影本。

好格局的10個重點

坪數大時，主臥室應設有衛浴，衛浴開窗通風。

餐廳貼近廚房位置，減少閒置空間。

廚房後有工作陽台，可擺放洗衣機、曬衣架。

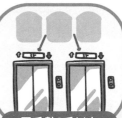

一層戶數3戶以上，配有2部電梯以上。

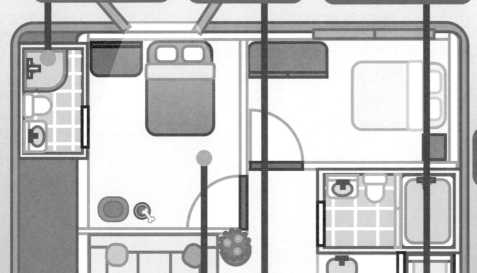

逃生梯位置合宜，動線無阻礙，如果是8層樓以上大樓，每個樓層要備有2個逃生梯安全門。

沒有正對高架橋、與對面鄰居大門過近、路沖、廁所正對門…等格局問題。

有玄關落塵區，可以擺放鞋櫃。

客廳、房間有對外窗，無暗室。

屋內動線良好，無細長型走廊與畸零空間。

格局方正，結構對稱，客廳最好有陽台。

請你跟我這樣看！
4大買房看屋細節 好格局10個重點

買房千萬不能只是靠感覺，前置作業多看多注意，買下去才心安睡得著。為各位帶來『４大買房看屋細節』，一路從屋內格局到屋外周遭環境，甚至連屋主背景也要注意起來，從裡到外看個仔細，才不會買到地雷流眼淚。

1 屋內環境細節請注意

買房重點除了價格之外，屋內格局及環境絕對也是首要條件之一，單從屋內環境角度切入，就可以分成「基本細節」及「居家風水」。

■ 基本細節

> 看室內是不是有『方正』，整體結構是對稱沒有凹凸格局，屋內動線良好，沒有細長型走廊與畸零空間，較能充分利用到屋內空間。如果挑選的物件坪數較大時，也建議主臥室應設有衛浴，或是除了每個房間配有衛浴設備外，在客廳也有半套的衛浴（純上廁所），目的讓來訪的朋友不至於直接進到主人房間使用洗手間。

其他像是...

 水電及瓦斯部分是使用天然氣還是老舊住宅使用瓦斯桶？

 天花板有沒有漏水或是裂縫？

 室內電線管線有無更換過？

 地板因地震有無傾斜？

 天‧地‧壁
牆壁有沒有壁癌？水泥剝落？

 窗戶、窗框是否有滲漏水？

在與仲介接洽的時候就可以先詢問清楚喔！

居家風水

關於『風水』想必在買房時多少都會參考一下,大家都想買一間招財屋,住進去好運滾滾來,事業旺旺旺。阿明整理10點好運進得來風水條件給大家參考!

| 1 | 格局方正,整體結構對稱,且沒有過多凹凸面 |

| 2 | 一層戶數3戶以上,配有2部電梯以上 |

| 3 | 屋內動線良好,無細長型走廊與畸零空間 |

| 4 | 廚房後有工作陽台,可擺放洗衣機、曬衣架 |

| 5 | 坪數大時,主臥室應設有衛浴(衛浴開窗通風) |

| 6 | 餐廳貼近廚房位置,減少閒置空間 |

| 7 | 房間要有對外窗無暗室 |

| 8 | 有玄關落塵區,可以擺放鞋櫃 |

| 9 | 逃生梯位置合宜,動線無阻礙,
另外如果是8層樓以上大樓,每個樓層要備有2個逃生梯安全門 |

| 10 | 沒有正對高架橋、與對面鄰居大門過近、路沖、廁所正對門等格局問題。 |

 尤其是窗外景觀有無正對好兄弟的家?高架橋經過?路沖?跟鄰居家的大門太近?這點在風水上是一大禁忌,民間傳說是會擋掉財運,讓你的幸運指數大打折,所以大多會避開這類型的物件。

② 公共設施不可忘

中古屋物件的公共設施也是一大看頭,要看使用狀況及維護情形是否良好。以安全角度切入要看每層的樓梯間、逃生梯保持暢通,無堆放物品阻礙逃生,有電梯的話是不是有定期請機電人員保養檢修,有維護的公設代表社區的管理委員會是有在運作的,對自己也比較有保障。

其他像是垃圾處理問題、社區環境有無清潔公司定期整理、有無物業公司協助代收包裹,及每月住戶要繳交的管理費停車費也是可以事先向仲介詢問了解。

3 兩大周邊環境看仔細

生活機能

 採買方便性
例 量販店、超市、傳統市場

 學區
有小孩的可多思考「學區」部分

 交通便利性
例 公車路線、火車捷運站
及高速公路等

 銀行、郵局、醫院及公園綠地等
也是買房會考慮的機能之一

 另外像是比較偏主觀條件的「街道寬敞度」、「周邊停車方便性」及
「建物新舊與外觀」等，也是會在意的小細節之一。

嫌惡設施

居家安全方面

 機場   加油站   工廠

 高壓電塔   瓦斯行   工業區

特別提一下「航道」雖然不屬於機場周圍，但因為飛機會經過你家上方，引擎聲也是一大噪音之一。阿明提醒大家，只要是有出現在物件方圓 300 公尺內，內政部是有要求仲介要告知買方的喔！

影響居住品質

■ 宮廟神壇   ■ 殯儀館   ■ 墓地   ■ 靈骨塔   ■ 高架道路   ■ 軌道

■ 停車塔   ■ 垃圾場   ■ 回收場   ■ 焚化爐   ■ 特種行業

上述這些地點，保持適當距離，干擾程度就會大大降低。

4 屋主背景要了解

至於為什麼要知道屋主的背景呢？八字箴言送給各位『知己知彼，砍價有望』。了解屋主賣房的原因？是不是有急需用錢，或是持有時間？萬一太快賣是不是房子有什麼不可告人的原因呢？甚至是在聊天過程中去推敲看看屋主的個性如何，是不是很阿莎力的人等等，每個關於屋主的小細節，都可能是你最後在談價錢的一大關鍵，也是避免自己買到地雷的護身符喔！

聰明買房懶人包

建案資料要弄清楚	建築資訊	口碑好建商讓你高枕無憂，品質差建商讓你房子內憂外患
	社區管理	公共設施破舊不堪，公布欄有很多欠繳管理費的住戶，可知道這物件的社區管委會是否運作正常，將來面臨大型修繕支出是否有人能處理
基本資料要看仔細	基本資料	坪數面積、樓層高度、車位位置、使用分區，物件的基本資料要先了解清楚，是否有符合自己原先的設定，房間數量及室內使用面積等都是大家看屋首要考慮的條件
	室內格局	座向（通風、採光性）、景觀、裝潢、維護情形，掌握基本資訊外，台灣人受傳統文化影響，普遍會將座向考量進去

社區周邊環境避免嫌惡設施

物件周圍有沒有嫌惡設施，除了會影響居住品質，間接也會影響你的「貸款條件」

投資客注意空屋期

如果你是以投資客立場來看房，則就要考慮房屋的「空屋期」

貸款是否行得通

要確認購買的物件，銀行核貸額度是否足夠。有些太小坪數(權狀不到12~15坪)物件，可能銀行核貸成數不足自備款會多出10%～15%左右。

找房仲看屋注意事項

1 選擇性提供資訊

可能會遇到在說明書上玩文字遊戲，隱藏部分資訊，也有發生虛構實價登錄，找出同社區或相似區域的高價物件，讓消費者以為這個地段的行情很高。

2 只注重成交

如遇到一心只想成交的房仲就會碰到現場帶看散漫、對物件資訊一知半解，或是推薦你的物件根本不符合你的需求，反而就在浪費時間。

3 斡旋的秘密

斡旋有沒有「自動轉定」條款，若你的出價屋主同意，這時候你的斡旋金就會自動轉成定金。一旦轉成定金，就沒有反悔或轉圜的餘地。

找代銷看屋注意事項

1 廣告要存

有關建案的資料或是廣告，能留存就留存，能拍照就拍照避免真的買了之後交屋卻發現廣告跟現實有落差，求償無門

2 預算抓的巧妙

若預算很低代銷介紹物件不見得很仔細，反之預算太高很有可能是肥羊或來亂的，最後到關鍵議價階段也會比較困難

3 合約審閱期

預售屋合約書至少都有5天審閱期可請代銷提供合約書給你帶回家看評估預售屋條件或繳款負擔的狀況再決定是否要購買。

找屋主看屋注意事項

1 真假屋主要確認

假買賣真詐財的案件層出不窮，少了仲介這道關卡確認屋主身份，買方就要確認清楚。

2 實價登錄要看

直接跟屋主買除了可以省仲介費很大部份就是想殺價！開口殺價前也要先查實價登錄，掌握周邊成交行情才有籌碼跟屋主談價錢。

3 修繕問題或屋內設備

如果有發現像漏水或是電線無法正常使用的狀況，可以從這點切入跟屋主討論在折讓一點價金來當作修繕費或其他像屋內裝潢會不會拆除？傢俱家電會不會留下來？等等小細節也可以在跟屋主看房時先確認清楚，如屋主有意願留下來給你使用也建議要在合約內備註喔！

鎖定 9 點

＊登記簿謄本

可詳細看到：土地及建物座落、面積、門牌、權利範圍、有無限制登記、停車位產權狀況等。

＊土地建物目

目前土地和建物的
是有無分別管理協

＊地籍圖

建物所在土地形狀、大小、
座落、界址、面積、
都市計畫道路狀況等...

＊土地使用分

若是購買後想申請
須弄清楚土地使用

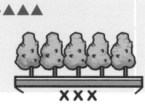

＊建物平面圖、建物位置圖

可了解實際建物面積大小。
以及附屬建物像是陽台、雨
遮等面積...

＊建物瑕疵情形

了解建物本身是否
建、或是地震後有

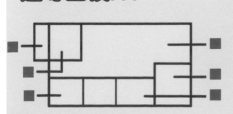

看懂不動產說明書

前管理使用情形

管理使用，要注意的
義...

區證明

營業登記等，就必
分區現況。

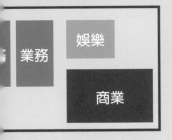

* 交易價金、付款方式

詳列價格和付款方式是為了避免金錢爭議
，讓價格透明化。

* 應納稅額、規費負擔方式

將每項應繳納的稅額和規費記載在說明書
上，買賣雙方都可清楚看出互相應負擔的
部分。

有滲漏水、是否增
無龜裂等情況。

* 其他特殊約定事項

賣方希望買方配合辦理土地增值稅減半的
優惠，而買方亦會希望賣方配合辦理政府
優惠貸款等。

我要賣房子

產權轉移前

❶ 房屋稅

自用住宅	非自用宅	營業用	非住非營

房屋評定現值 x1.2%	房屋評定現值 x1.5-3.6%	房屋評定現值 x3-5%	房屋評定現值 x1.5-2.5%

❷ 地價稅 (採累進稅率)

申報地價總稅 x1-5.5%

自用住宅報稅 x0.2%

❸ 土地增值稅

一般土地:土地漲價總數額累進課徵 20/30/40%

一生得享一次自用住宅優惠稅率10%

❹ 其他

代書費、仲介費

履約保證費、雜費(交屋日前水電瓦斯管理費...等)

需要繳哪些稅?

產權轉移後

❶ 房地合一稅認定 (居住在中華民過境內的個人)

※110年7月1起交易, 105年以後取得房地者適用

持有期間:

- 2年以內 **45%**
- 超過2年, 未逾5年 **35%**
- 超過5年, 未逾10年 **20%**
- 持有期間超過10年 **15%**

四種交易不受影響

維持稅率 20%
- 個人及營利事業非自願因素(如調職、房地遭強制執行)交易
- 個人及營利事業以自有土地與建商合建分回房地交易
- 個人及營利事業參與都更或危老重建取得房地後第一次移轉
- 營利事業興建房屋完成後第一次移轉

維持稅率 10%
- 自住房地持有並設籍滿6年
  (課稅所得400萬元以下免稅)

6年

※房地合一稅財產交易所得稅依取得時間判斷適用稅制

❷ 財產交易所得稅

原則:**核實認定** (依實際價額計算)

例外:**標準認定** (依財政部公告之各區標準計算)

我要買房子需要

產權轉移前

- - - - - - - - - - - - - - \

❶ **契約**

房屋評定現值 x6%

房屋評定現值=標準單價×(1−折舊年數×折舊率)×路段率×面積

❷ **印花稅**

公定契約書上之房地總價 x0.1%

❸ **登記規費**

- **(土地申報地價總額+房屋評定現值) x0.1%**

- **書狀費用每張80元**

- **設定規費:(借款金額×1.2)×0.1%**

  ※借款金額很高,規費也有可能高達上萬元

❹ **其他**

- **銀行徵信、開辦、手續費**　　• **產險費** 地震火災險

- **仲介費** (買方1~2%　賣方4~5%　合計不得超過6%)

- **代書費** 依服務項目收取,例如「買賣登記」收一筆、「設定登記」收一筆,有些代書也會把申辦自用住宅地價稅、水電過戶、申請財產所得資料…等都列入收費服務的範圍內。

繳哪些稅？

產權轉移後

❶ 房屋稅

自用住宅	非自用宅	營業用	非住非營
		SHOP	SHOP
房屋評定現值 x1.2%	房屋評定現值 x1.5-3.6%	房屋評定現值 x3-5%	房屋評定現值 x1.5-2.5%

❷ 地價稅 (採累進稅率)

申報地價總額　x1~5.5%

自用住宅稅率：0.2%

※自用住宅須符合本人、配偶、直系親屬辦理戶籍登記
　房屋沒有供出租及營業使用

#@%

#^v^

… …

買房履約保證流程圖

價金管理

存款銀行

完成交屋
撥付餘款 **結案**

依約存入
各期價款

建經履保公司

履約保證
服務架構

出售價金之保障

承購價金之保障

價金管理之委任

價金管理之委託

賣方

買方

不動產買賣
契約書

買賣價金履約
保證申請書

買賣價金履約
保證書

 產權移轉
登記作業

產權移轉
登記作業

 地政士

費用該誰付？

履約保證手續費是房屋金額的萬分之六，
這筆費用通常由買賣雙方各自負擔一半

萬分之六

★ 特殊高總價案件履約保證手續費可以商議

賣方可以先動用價款嗎？

必須經買方書面
同意且該動用價
款不在保證範圍
內

履約保證書條約

☑ 買方同意且該動用價
款不在保證範圍內

買家簽章

買賣房地價金履約保證流程 流程圖

不論是買預售屋或是成屋中古屋，
沒有人不害怕付出去的錢換不到房子，
不是怕建商蓋到一半人去樓空就是怕
中古屋遇到假賣方真詐財，
騙了定金頭期款人消失。

近年來許多民眾在購屋時會選擇履約保證
保障自己付的每一筆錢有去到對的地方。
今天就來為各位說說，
履約保證到底是怎麼一回事？

■ 履約保證是蝦米？

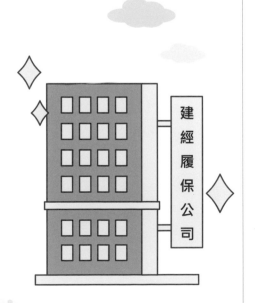

簡單來說，履約保證就像一個中間人（即第三方機構）的角色，在不動產雙方交易間做為橋樑，為買屋人保管價金，等到你過戶點交手續都完成才會撥款。簡單講就是要保證賣方可以拿到賣房子的錢、買方可以順利取得產權。

由於房地產交易的金額龐大，為了維護交易安全且保障買賣雙方的權益，通常會在交易過程中，委託第三方機構協助保管買賣價金或文件，避免交易產生瑕疵，導致買賣雙方權益受損。假如不幸發生糾紛，相對於價金信託，在調解上較為主動，對於合約的形式有『催告』及『解釋權』。

■ 履保流程一把抓

簽約 買賣雙方簽訂「履保專用之不動產買賣契約書」、「價金信託履約保證申請書」及撥款委託書。

用印 買方將用印款存匯入履保信託專戶，而賣方需要配合備證、用印。

稅單核發

A 買方要貸款： 貸款成數有到，會由銀行端將款項匯進到專戶之中；如果貸款金額不足，買方會要將完稅款連同尾款差額一併匯入履保信託專戶並簽立尾款擔保本票。

B 買方不貸款： 需要將完稅款連同尾款一併匯入履保信託專戶。

過戶 確認尾款或尾款差額已匯入履保信託專戶時，即辦理產權移轉登記。

清償 賣方向原貸款銀行確認清償金額，專戶代付清償賣方房貸。

點交 買賣雙方點交確認沒有問題後，在「房地點交確認單」上簽章，並從專戶中結清賣方仲介服務費。

結案 履保信託專戶結清款項匯給賣方。

賣方可以先動用價款嗎?

需要經由買方書面同意且該動用價款不在保證範圍內。
建議如果要讓賣方動用價款,記得注意下列幾項。

扣除銀行貸款及土地增值稅後,殘值是否大於動用撥款的金額。
註 土地增值稅建議改:過戶相關稅費、仲介費、賣方應負擔之雜支。

動用撥款後不能讓履保帳戶內的餘額為0。
註 履保帳戶內的餘額為0會喪失承作履約保證的意義。

賣方是否已將權狀及印鑑證明交給代書。
註 兩者已交付會比較安全。

履保費用該誰付?

通常履約保證的費用會是房屋成交總價的萬分之六來計算。
(最低基本費600元)

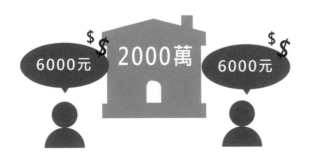

費用通常是由買賣雙方各付一半。
假如說是總價2000萬的物件,
那麼買賣雙方要各付6000元。

履約保證的目的無疑就是秉持「一手交錢一手交屋」
銀貨兩訖的概念而生的制度,雖然對買賣雙方是額外一筆開銷,
但是想想房地產交易的金額這麼大,多一層保障也多一層安心。

跟房仲買房 三書是什麼?

① 下定前需詳讀【不動產說明書】

相關資料包括

 權狀影本

 建物平面圖

 地籍圖

 不動產現況說明書

不動產現況說明書是由賣方填寫房屋有無瑕疵,例:漏水、凶宅、海砂或者違建….

② 下定前要看清楚【要約書or斡旋書】

要約書(不用支付現金)
用要約書記載出價金額交由仲介向賣方進行斡旋,當賣方同意要約內容,雙方有完成交易的義務,否則由違約的一方支付出價金額的 3%當作違約金。

這是我的誠意

斡旋金
(雙方協意誠意金額)
是仲介業者自創名詞,不是法律用語,一般房仲業者所提供斡旋金單據,原則上效力與內政部版本要約書大致相同。

③ 簽約時要注意【不動產買賣契約書】

「公契」
是建物與土地所有權的移轉契約書,要送至地政機關辦理登記使用的公文書資料。

「私契」
買賣雙方簽定買賣合約書,一般都是一式四份,買賣雙方以及代書、履保公司各留一份。

簽定私契一般要確認
1. 不動產現況確認書
2. 土地建物謄本
3. 賣方權狀是否有交付
4. 雙方是否本人到場、身分證明資料核對

注意事項
※與企業經營者購買房地產,簽約之前買賣雙方均有至少五天的審閱期。

例:與建商簽定的預售屋買賣合約書。

※一般消費者購買房地產,買賣契約簽立後生效,無契約審閱權問題。

買房三書是什麼？

《買賣不動產簽約之前，有些文件非看不可！》

每次申請會員之前都會出現冗長的說明書，

但大多數人並不會看完而是直接滑到底，勾選「我已詳細閱讀」。

有些人在買賣房子的時候，看到密密麻麻的買賣說明書和相關文件，

也是直接聽仲介講解重點然後再考慮是否做這一筆交易，

或者是心存僥倖、心態慌亂，

在仲介和買賣另一方推波助瀾之下連契約都沒看清楚就先簽了名。

這樣的簽約過程是很容易在簽約後發生法律糾紛的，

所以在簽約之前，可千萬別嫌看文件麻煩或是太相信仲介就什麼都不管，

謹慎看待或是請教相關人士才是正確的做法哦！

今天阿明就要來告訴大家，

「在簽約之前」需要知道什麼文件，

以及看文件時該注意的事情。

希望大家看完之後能對買賣房屋有一定的概念！

詳細解答

買房簽約你必須搞懂三種書類文件，

 1 下定前要看的文件
不動產說明書

 2 下定時要簽的文件
要約書（買方也可視情況選擇斡旋金）

 3 成交後要簽的文件
不動產買賣契約書。

以下分別就三樣文件做說明。

1 下定前需詳讀【不動產說明書】

供買方在下斡旋書之前參考房子各項相關資料。相關資料包括權狀影本、建物平面圖、地籍圖、不動產現況說明書。其中的不動產現況說明書，是由賣方自己填寫房屋有無瑕疵，例如漏水、凶宅、海砂或者違建，供賣方全面暸解房屋的情況，再決定是否購買。

注意事項

※買方下要約前「務必要求」房仲提供不動產說明書供買方審閱，以便買方了解自己想買的房子有沒有什麼問題，絕對不是下定之後買方才知道要買的房子有什麼問題喔。

※不動產說明書上應確認有房仲與賣方的簽章，以示負責。若沒有房仲與賣方的簽章，則不是正式的不動產說明書，到時候房屋出了問題，買方恐無法依不動產說明書登載有誤向賣方求償。

※不動產說明書為不動產買賣契約書的一部分，若房仲未給予買方足夠時間審閱，經買方檢舉後，可能會被處以申誡、停業、廢止證書等行政處分；如若故意隱瞞、提供不實資訊，甚至可能有詐欺或偽造文書等刑事處分。

※房仲事前若未提供不動產說明書給買方，導致買賣雙方在簽定要約書或給付斡旋金之後買方才發現有問題，是可以要求撤回斡旋的。

2 下定前要看清楚【要約書or斡旋書】

以要約書為例：當買方想向賣方出價時，可用要約書記載出價金額交由仲介向賣方進行斡旋，當賣方同意要約內容，雙方有完成交易的義務，否則由違約的一方支付出價金額的3%當作違約金。

注意事項

※在賣方尚未在要約書上簽名之前，買方撤回要約書，不需支付違約金。

※要約有期限，若在要約期限沒有完成簽約，該要約書算失效。

※根據《民法》第160條第二項，改變要約內容視為拒絕原要約，需重新制定新要約。

※受任人（房仲）應在二十四小時內將要約書轉交委託人不得隱瞞或扣留，如受任人未盡管理之責任造成委託人的損失，根據《民法》第544條受任人應負損害賠償責任。

目前針對房仲業者提供「斡旋金」部份，是仲介業者自創名詞，不是法律用語，故內政部目前僅訂定要約書範本。一般房仲業者所提供斡旋金單據，原則上效力與內政部版本要約書大致相同，民眾在確認買房意願前，仍可視情況擇一簽署。

❸ 簽約時要注意【不動產買賣契約書】

買房簽約，就是針對買賣雙方合意的條件簽定買賣合約書，也就是我們一般說的「私契」，一般都是一式四份，買賣雙方以及代書、履保公司都會各留一份另外還有一種是建物與土地所有權的移轉契約書，這是要送至地政機關辦理登記使用的公文書資料，也就是一般所稱的「公契」。

簽定私契一般要確認

❶ 不動產現況確認書

❷ 土地建物謄本

❸ 賣方權狀是否有交付

❹ 雙方是否本人到場、身分證明資料

此契約書的附件有不動產現況確認書、承受原貸款確認書、土地、建物權狀影本、共有部分附表、車位種類、位置。

注意事項

※與企業經營者購買房地產，簽約之前，買賣雙方均有至少五天的審閱期。（與一般消費者購買房地產，買賣契約簽立後生效，無契約審閱權問題）

※簽約時注意契約上記載的買賣標的，是否為欲簽約購買標的。

※買方、賣方、地政士、房仲代表經理人都到場見證簽約之後，才可開始簽約。

※若買賣任一方無法親自簽約，另一方應確認授權書上有本人之印鑑證明，經由地政士確認授權書無誤後，方可簽約。

※簽約的時候需注意產權、公契移轉價格（課稅依據）、各期付款方式、各項稅費及其他費用（未結清的水電、管理費）、交屋日期、屋況說明。

※貸款金額不一定會等於預定貸款金額，所以需與賣方在契約上約定若貸款金額不足的話，是用現金補足、解除契約或用其他方式清償。

※買方需開立與完稅款、交屋款同額的「本票」予賣方做為擔保，本票需註記以賣方為「受款人」及「禁止背書轉讓」，買方於賣方收受價款後，應立即向賣方討回本票。

※買賣雙方應在「承受原貸款確認書」上簽字確認，否則無法授權貸款銀行代為清償原賣方貸款並塗銷房屋抵押權。

購買預售屋 常見3項爭議

爭議1
傢配圖比例錯誤

Q：何謂傢配圖？
預售屋銷售中心提供的平面配置圖，有整體格局及傢俱配置，讓消費者能明確區分各空間。

① 仔細向代銷詢問實際面積　② 利用圖面上的比例尺來確認　③ 交屋前確認「建物測量成果圖」所登記的坪數

爭議2
建材與設備同級品

預售屋購買合約要看仔細，其中會有一項「建材設備表」，說明建商選用建材、規格、衛浴設備或廚具。

特別注意：合約是否有註明建商可選用替代材料，若替換成「同級品」，消費者也有權請建商提供替換建材的產品型號、規格。

爭議3
建商倒閉造成爛尾樓

建議購買預售屋前先仔細了解建商的背景，包含…

過去推出哪些建案？

是否為個案建商？

簽約時，契約上的建商是否與廣告文宣上一致？

買賣合約中，建商是否有提供履約擔保？

PS‧履約擔保務必符合內政部規範的「預售屋買賣定型化契約應記載及不得記載事項」。

 買房前停、看、聽，小心不要掉入銷售員的話術中，留意合約審閱，並且保留建商文宣，以及與建商的對話紀錄，避免後續爭議。

民眾購買預售屋常見的 3 項爭議

房價居高不下的時代，預售屋具備自備款低、可分期付款的優勢，吸引許多首購、年輕族群購買。然而近兩年預售屋相關爭議層出不窮，除了交屋延宕以外，以下幾點是預售屋的風險爭議，也歡迎大家分享自己挑選預售屋的小撇步。

1 爭議1：傢配圖比例錯誤

> Q：何謂傢配圖
> 預售屋銷售中心提供的平面配置圖，有整體格局，且將傢俱配置上，讓消費者能明確區分各空間。

銷售中心漂亮的模型、樣品屋，宣傳廣告上完美的傢配圖，這些都是建商吸引客戶的行銷方式。

然而有些業者的提供的傢配圖卻跟實際坪數使用效益不符，屋主委任的設計師進行繪圖時，卻發現空間並不如傢配圖的寬敞。甚至有傢配圖放置雙人床，但後續發現空間根本不夠大。

■ 該如何怎麼避免？

 仔細向代銷詢問實際面積

 利用圖面上的比例尺來確認

 交屋前確認「建物測量成果圖」所登記的坪數

2 爭議2：缺料危機，建材與設備換同級品

預售屋購買時，合約務必要看仔細，
其中會有一項「建材設備表」，
說明建商選用的建材、規格、衛浴設備或廚具。

然而現今缺工缺料問題層出不窮，
特別注意簽訂的合約上是否有註明替代材料，
若替換成「同級品」，消費者也有權請建商
提供替換建材的產品型號、規格。

3 爭議3：建商倒閉造成爛尾樓

近年遇上疫情，缺工缺料，人力與物料都漲價的情況下，
許多建商因資金周轉問題而倒閉，甚至無法完成正在施工的建案。
甚至有建商在交屋前要求消費者簽署協議書，放棄延遲的求償。
為了避免如此重大的損失，建議購買預售屋前先仔細了解建商的背景，

包含...

過去推出哪些建案？

是否為個案建商？

簽約時，契約上的建商
是否與廣告文宣上一致？

買賣合約中，建商
是否有提供履約擔保？

履約擔保務必符合內政部規範的
「預售屋買賣定型化契約應記載及不得記載事項」。

在阿明的社團〈買房知識家（Ａ你的Ｑ）〉，
也有熱心網友教授大家，

到司法院全球資訊網，利用判決書查詢功能，
看看該建案、建商過去是否有糾紛。

如果不幸遇上建商倒閉，
或者被建商要求消費者簽延遲交屋協議等不合理要求，
務必要向行政機關申訴，如消保官。
並且積極尋找到該建案其他消費者，
共組自救會，一同委請代表聯合訴訟，
並與建商融資貸款的銀行談判，爭取自身權益。

以上阿明提醒大家，買房前停、看、聽，
小心不要掉入銷售員的話術中，
留意合約審閱，並且保留建商文宣，
以及與建商的對話紀錄，避免後續爭議。

預售屋付款五階段

第一階段

頭期款（給建商）

看喜歡付『小定』議價5萬元左右
議價成功『補定』銷售中心會給買屋確認單
此時需將定金補足至總價的5%
正式簽約『簽約金』『開工金』
總價5%~10%左右的簽約金及開工金
此階段金額大約落在房屋總價10%~15%左右。

第二階段

工程款（給建商）

工程款金額大約是房屋總價「10%～15%」
常見繳款方式分為以下三種：

一、按工程期繳納
二、按月繳納
三、工程期零付款

不論哪種付款方式，要付金額大同小異
只是付款時機點及金額大小差異！

第三階段

額外費用（給政府）

房屋點交驗收前，會進行「行政交屋」
確認與房屋相關的產權文件及物品等等

「印花稅」、「契稅」、「代書費」及其他規費
是繳給政府及代書代辦過戶事宜

這些額外費用「沒有包含在房屋售價裡」！

第四階段

交屋款及交屋保留款（銀行幫你給建商）

定型化契約規範交屋保留款為總價款5%
但仍有建商用磋商條款將5%保留款改成5萬等狀況！

這時候我們可以參考以下二種方式保障自身權益：

一、在貸款的撥款同意書中註明一點
　　『憑房屋驗收單撥款』

二、與銀行對保完務必安排時間驗屋
　　要求銀行業務要撥款時
　　不得接受建商單方面要求即自行撥款
　　必須獲得買方同意才可以撥款

第五階段

房屋貸款（給銀行）

交屋之後開始支付房屋貸款，
直到款項還完為止。

預售屋付款五大階段

預售屋不同於成屋或中古屋的付款方式，通常會是自備款沒那麼充足的小資族優先選擇的一種類型。但仔細算一算，要繳的錢都一樣多，怎麼就會比較輕鬆呢？這次讓阿明將預售屋付款方式拆分成「五大階段」，一一為各位分段說明，每個環節到底要付什麼錢？又要付給誰？

■ 預售屋付款方式流程

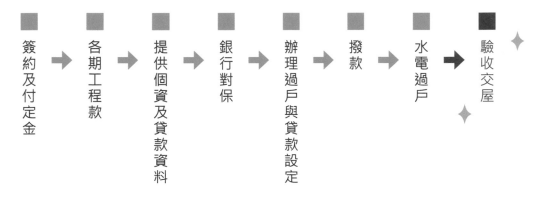

1 第一階段：預售屋頭期款 給建商

■ 簽約前『小定』
確定有喜歡及有購買意願，在議價前通常會先付大約 5 ～ 1 0 萬元左右的小定金。議價完『補足』定金→確定完價格及建材等細節後，銷售中心會給你一張買屋確認單，會請你將定金補足至總價的 5 ％。

■ 正式簽約『簽約金』『開工金』
正式簽約時與銷售中心逐一確認完合約內容後，
就需要繳交大約總價 5 ％～ 1 0 ％左右的簽約金及開工金。

上方提到的費用就算是所謂的「預售屋的頭期款」，總共的金額大約會落在房屋總價的 1 0 ％～ 1 5 ％左右，而這部分的費用是沒辦法向銀行貸款的。

阿明特別提醒大家，在簽約前記得要確認建商『有無取得建照』。依規定，建商取得建照才可以公開銷售，如果是買到沒申請就蓋的房子，就等於是買到違建。

另外在審閱「預售屋買賣契約書」這個環節，務必記得基本審閱期是有 5 天的時間可以仔細看，建商或銷售中心是不可以用其他磋商條款來拒絕審閱喔！

2 第二階段：預售屋工程款 給建商

支付預售屋第一階段的款項結束後，於此之際建案基地正如火如荼的開始蓋，這時候，就會開始預售屋第二階段的付款也就是所謂的工程款。

通常工程款的金額大約會是房屋總價的１０％～１５％，
常見繳款方式分為以下三種：

① 按工程期繳納

建商會將工程期間拆成部分，消費者需要依約定階段性付款。
例 地下室完工付３％、上樑付３％、公設完成３％，每階段收取部分工程款。

② 按月繳納

無論施工進度如何，消費者皆須按月繳納，
等於就是建商會將整個工程期間所需要支付的費用，攤提在每個月中。

③ 工程期零付款

部分建案會主打「工程期零付款」的方案，
照字面意思就是工程開始之後，一直到交屋都不必付繳給建商，
等到結構體完成領到使用執照到交屋這段期間再將費用一次繳清。

不論你是選擇哪一種付款方式，所有要付的金額都大同小異，只是付款時機點及金額大小差異，特別要注意到的是，這階段的費用同樣也是不可以用貸款方式取得喔！

3 第三階段：預售屋額外費用 給政府

再到最後實體房屋點交驗收前，會進行「行政交屋」，
點交確認與房屋相關的產權文件及物品等等。
此時，就會要繳交...

 契稅　　 印花稅

 代書費　　 其他相關規費

這種類的費用是直接繳給政府並不是建商「沒有包含在售價裡」，
也就是不算在原來與建商簽的合約內，所以同樣也是沒辦法貸款支付的喔！

4 第四階段：預售屋交屋款及交屋保留款　銀行幫你給建商

恭喜各位來到買房的最後一哩路『驗收交屋』，在買賣房屋中更加重要的一個環節！一般來說，交屋的流程應當是...

使用執照核發用印完稅後 → 對保辦房貸同時驗屋 → 撥款 → 修繕複驗 → 撥尾款才交屋

建議在銀行撥款前先驗屋，才有籌碼讓建商完善驗收缺失。不過以目前市場主流是「先對保、後驗收」、「過戶及放款」。對保雖然只是在審核你的貸款資格，但是！建商取得使用執照就可以過戶，也就代表可以通知銀行撥款。

就怕遇到建商拿到款項後針對你提出的驗收缺失，無止境的修。雖說依規定消費者是可以將 5％交屋保留款扣留不付，但仍然有建商在簽約時用磋商條款將 5％保留款改成 5 萬等狀況，這時候我們可以自保的方法有：

> A. 在貸款的撥款同意書中註明一點『憑房屋驗收單撥款』

> B. 與銀行對保完務必安排時間驗屋，
> 最好初驗就詳細列出修繕項目，請建商限時改善

並且在跟銀行對保時，務必要求銀行業務撥款時，不得接受建商單方面要求即自行撥款，必須獲得同意才可以撥款。在交屋驗收這段時間，身為消費者的我們，真的要積極再積極，才能保障自己的權益。

5 第五階段：房屋貸款　給銀行

到房子搬進去後，就必須依照你與銀行簽訂的房屋貸款契約，每月支付固定比例的本金及利息，直到款項還完為止。單單以貸款 7 成來看，預售屋簽約時只需要付房屋總價的 15％當作頭期款，反觀買新成屋或中古屋就會要拿總價的 30％當頭期款。

雖然這種將費用分攤的付款方式對小資族來說會比較輕鬆，但是要特別注意到，你的付款時間拉長，也就代表自己在繳交工程款時的現金流會受到影響，務必要確保自己的經濟狀況是能負擔的的喔！

購買預售屋 五大注意！

房地車位

預售屋買賣契約應明確記載標的物樓層、戶別、物件編號類型、車位的長、寬、高、含車道及其他必要空間面積樓層位置以及最重要的買賣價款。

土地面積、主建物或房屋登記總面積如有誤差，不足部分賣方要全部找補；超過部分買方找補以２％為限。如果誤差有超過３％，買方可以提出解除契約。

面積找補

交屋期限

建商在領到使用執照的六個月內須通知買家交屋，假如建商試圖拖延交屋時間，消費者是可以依照合約來索賠。

驗收交屋

消費者可保留房地總價５％為交屋保留款，等到驗收全數完成後才撥款給業者。

房屋的保固期限起算日是從交屋當天開始。

3 個方法審視合約異狀

到實價登錄網站確認建案契約的備查狀況

逐項確認合約內容是否與建案備查契約相同

銷售預售屋使用的預售屋預約單或是契約，如果有違反相關規定，主管機關是可按戶（棟）數，對建商處新台幣６萬元，３０萬元以下之罰鍰。

購買預售屋五大注意

#五種預售屋合約違規懶人包

對於首購族來說，選擇「預售屋」自備款門檻不像新成屋一樣高，且頭期款可以分階段付。而且在施工過程可以客變，改變室內的格局或建材及水電管線的修改意見等，雖然等待時間會比較長，但仍然是部分首購族的購屋首選。

但你確定真的有了解「預售屋」簽約的魔鬼小細節嗎？今年年初內政部就針對全國各地建案大抽查，發現部分建案的內容是有違反《預售屋買賣定型化契約應記載及不得記載事項》，這邊阿明整理了常見的「五種預售屋違規懶人包」給大家，讓各位聰明簽約拒絕被騙。

■ 第一種：房地車位標示不清楚

通常在簽訂預售屋買賣契約書前，消費者支付定金會類似的款項，會得到建商給的一張購屋預約單（俗稱紅單）。上方應明確記載標的物樓層、戶別、物件編號類型、車位的長、寬、高、含車道及其他必要空間面積樓層位置以及最重要的買賣價款。內政部抽查部分建案就有發現，建商在備註條款寫有「建商保留出售權利」、「逾期未簽約就沒收定金」等不利於消費者的事項可重罰最高１００萬元。

■ 第二種：房地面積誤差及其價款找補

依照《預售屋買賣定型化契約應記載及不得記載事項》規定，土地面積、主建物或房屋登記總面積如有誤差，不足部分賣方要全部找補；超過部分，買方以找補２％為限。如果誤差有超過３％，不管你是超過還是不足，買方是可以提出解除契約。

！這邊出現二個問題

❶ 依規定應該為**土地面積**、**主建物**或**房屋登記總面積**有誤差就要找補，但部分業者會單獨將**土地**及**停車位**面積誤差，列為不予找補之約定。

❷ 依規定**不足**或是**超過**３％，消費者都可以提出解約，但業者在契約註明僅不足才可以解約，等於是假如交屋有發現坪數超過３％，消費者不可以解約，必須找補落差坪數（最多以 ２％為限）。

■ 第三種：通知交屋期限

建商在領到使用執照的六個月內須通知買家交屋，假如建商試圖拖延交屋時間，消費者是可以依照合約來索賠的。在簽約時務必確認清楚合約上是否有明確記載於民國ＸＸ年ＸＸ月ＸＸ日之前，完成主建物、附屬建物及使用執照所定的必要設施，並取得使用執照，再通知交屋。千萬不要沒有明確的日期，或是用其他字眼來取代「取得使用執照期限」，並增加缺工缺料、新冠肺炎影響得順延等字樣。

依內政部定型化契約規定，賣方在交屋前必須完成修繕，如有延後，賣方須支付延遲利息是以已繳價款萬分之五來計算。

阿明提醒大家，如果讓業者將**交屋前**的修繕義務變成**交屋後**的保固責任，等於是降低賣方延遲交屋利息變成**萬分之二**，同時也減輕業者需要負擔的違約責任。

■ 第四種：驗收

在合約中會有一項是關於交屋驗收的保留款項，消費者是可以在自備款部分，保留房地總價５％為交屋保留款，等到驗收全數完成後才撥款給業者。特別要注意到，有業者會以個別磋商的方式將房地總價５％的交屋保留款降低為５萬元或是計入銀行貸款等狀況。這邊的交屋保留款等於尾款的概念，要業者完善屋內剩餘的修繕項目。

除了屋內的修繕項目外，關於自來水、電力管線費及瓦斯內管等相關費用，也是常見的違規項目之一，上述提及的費用應由業者負擔，而「瓦斯外管」則是雙方議定，如果沒有特別約定，一樣也是由『賣方負擔』。

■ 第五種：保固期限及範圍

房屋的保固期限起算日是從交屋當天開始。結構部分保固１５年，除非是可證明是買方或其他不可抗力因素之外，賣方都要負擔保固責任。就有遇到業者將「自行刪減結構保固的項目」，並將保固期限的起算日拉到「取得使用執照日」，但以消費者立場來看，從建商取得使用執照到真正交屋還是有一段時間，等於縮短真正的保固時間。

三個方法審視合約

❶ 🖥 **到實價登錄網站確認建案契約的備查狀況**
網站 | https://vlir.land.moi.gov.tw/a0101

❷ 📄 **逐項確認合約內容是否與建案備查契約相同**

❸ 🔥 **參考與內政部《預售屋買賣定型化契約應記載及不得記載事項》內容是否相同，如有不合規定的地方請建商改正或向主管機關檢舉，務必注意部分以個別磋商為目的來變更契約內容情形。**

銷售預售屋使用的預售屋預約單或是契約，
如果有違反相關規定，主管機關是可按戶(棟)數，
對建商處**新台幣６萬元，３０萬元以下之罰鍰**。

買房是人生中重大的花費之一，簽約前務必注意上面提到的五點預售屋違規樣態，仔細審閱合約內容，才不致於讓自己的權益受損。

建照？ 使照？ 戲蝦咪？

預售屋建照展延，交屋日期可以展延？

可以開工了！

「建照」全名「建造執照」

只要是有新建、增建、改建或是修建，起造人都要先去申請「建造執照」才可以動工，沒有申請就是俗稱「違建」。

有了這個執照以後才能正式啟用房屋喔！

「使照」全名「使用執照」

建築物完工後，規範建物用途的執照，才能辦理「第一次登記取得權狀」。

預售屋交屋日期怎麼抓？

建商領到使用執照六個月內須通知買家交屋，假如建商試圖拖延交屋時間，消費者可依合約規範索賠。

建商延後交屋如何自保？

合約書須寫清開工及取得使用執照日期，除非「受天災地變等不可抗力或因政府法令變更或其他不可歸責賣方事由」，建商才可延期交屋免負擔賠償費用，消費者不得要求解約與違約金。

如果不是上述原因延期交屋，消費者可以要求賠償！

按已繳價款萬分之5延遲利息，以日計算給消費者。
例如前面已經付了100萬元，1天的違約金就是500元。

延遲交屋超過3個月以上，就可以視為建商違約，消費者可以要求解約退款，依定型化契約規定賠償消費者違約金，金額不能高於房地總價15％。（但以買方已繳納金額為上限，如果買方繳交金額是200萬，建商賠償上限就限200萬以內）。

趕工中

賠償 $

預售屋建照展延，交屋日期可以展延嗎？

從2020年受到疫情影響一路到現在，各行各業幾乎都沒有躲過缺工缺料的問題，又加上航運大大小小的狀況，不只影響到房價，甚至連預售屋都出現工期延宕導致「延遲交屋」，差別只在延遲多久而已。消費者一等再等，想請求賠償跟延遲利息卻得到建商用政府的「建照自動展延」回應延遲交屋的問題，消費者該怎麼做才不會讓權益受損呢？

■ 建照使照大PK

在進入我們的問題前，必須先來認識一下，

何謂「建照」何謂「使照」，這兩「照」可是影響預售屋交屋極大的因素。

建照：全名「建造執照」

只要是有新建、增建、改建或是修建，起造人（建商）都要先去申請「建造執照」才可以動工，沒有申請就蓋的房子就是俗稱的「違建」。簡單來說，「建照」就是要確保房子真的有按照給政府的設計圖施工，避免多出一些有危險性的設計。

使照：全名「使用執照」

是在建築物完工後，規範建物用途而取得的執照，有了使照才算是可以真正正式使用這房子，也才能辦理「第一次登記取得權狀」。

所以在真正取得權狀前，預售屋也只算是合約上載明的權利，並不是真正的產權。在買預售屋時切記，依法建商一定要有建照才可以公開銷售。

■ 預售屋交屋日期怎麼抓？

根據現行的《預售屋買賣定型化契約應記載事項》第15項
通知交屋期限中有提到，
「領到使用執照的六個月內須通知買家交屋」，

假如建商試圖拖延交屋時間，
消費者是可以依照合約來索賠的。
但通常建商拿到使用執照代表，
目前建案的工程進度大約在 80% 左右，
後續會開始拉水電瓦斯管線等，
規定的「六個月內通知交屋」
其實就是讓建商有進度上的壓力，
也讓買方了解進度，藉此保障消費者的權益。

■ 建商延後交屋如何自保？

那有朋友就會問，建商真的沒辦法如期交屋該怎麼辦？
事實上，在《預售屋買賣定型化契約應記載事項》也有提到，
建商必須要在合約書中寫清楚開工及取得使用執照的日期，
除非是「受天災地變等不可抗力之事由或因政府法令變更、
或其他不可歸責於賣方之事由」狀況下，
建商才可以延期交屋日期並且免負擔賠償費用，
消費者也不得要求解約與違約金。

> ❗ 如果不是上述的原因延期交屋，消費者是可以要求賠償的喔！
> 按照已繳價款的萬分之5 延遲利息，以日計算給消費者。
> 例如前面已經付了100萬元，1天的違約金就是500元。

另外延遲交屋超過 3 個月以上，就可以視為建商違約，消費者是可以要求解約退款的，並且依照定型化契約的規定，

『建商須賠償消費者最高不超過房地總價款的１５％，

並且消費者已交付金額未達１５％，按照已繳交金額為賠償上限』。

舉例來說...

假設預售屋總價	新台幣	２０００萬元
則建商要負的	解約違約金	３００萬元

但買方只繳了２００萬，那麼建商賠償的上限就以２００萬為限。

就有發生過幾年前買的預售案相比現今的房價，
出現至少２-３成的價差，如果消費者選擇解約，
建商重新再用高價出售，消費者反而得不償失。

有部分建商會要求消費者要配合修改原買賣契約，
各位務必切記千萬不要讓建商用不合理的條件，來交換展延取得使用執照期限，
當有發現自己權益受損，是可以蒐證向各直轄市、縣（市）政府消費者服務中心
或消保官申訴處理。

依據《消費者保護法》第３６條規定，要求限期改善，未改善者主管機關最高是
可以向業者開罰１５０萬元的罰鍰。

阿明最後提醒大家，
在簽約時絕對！務必！要確認清楚是否有明確約定開工時間
及取得使用執照完工的日期，確保建商可以如期完成，
也方便後續的過戶及交屋程序，避免糾紛。

》| 租屋

租屋族驗屋 三大核查清單

房東身分核查

☐ 屋主　　☐ 代理人

☐ 二房東　☐ 包租代管業者

房東

包租代管

合約內容核查

☐ 合約乙式兩份

☐ 租約期限載明

☐ 租/押金額、繳款方式明確

☐ 修繕權責明確

☐ 租屋處地址明確

☐ 衍生費用計算方式明確

☐ 設備清冊明確

✓ Check!

房間環境核查

| 電器 | ☐ 確認廠牌及數量 |
| | ☐ 是否都能正常使用 |

| 傢俱 | ☐ 確認樣式及數量 |
| | ☐ 有無入住前的人為損壞痕跡 |

| 衛浴 | ☐ 熱水器位置是否位在通風處 |
| | ☐ 馬桶是否有阻塞 |

消防	☐ 對外門窗是否暢通無雜物阻塞
	☐ 屋內有無基本消防設備
	例 滅火器、偵煙器、緊急照明燈等…

隱私	☐ 前租客退房後門鎖有無更換
	☐ 能否自行更換
	☐ 房東是否有租屋處備份鑰匙

| 垃圾 | ☐ 垃圾車或是社區統一回收 |

| 郵件 | ☐ 有無提供代收包裹服務 |

| 電表 | ☐ 度數拍照存證 |

拍照	☐ 屋內照片全拍一遍
	註 最好含錄影
	☐ 雙方簽名確認

租屋族驗屋三大口訣 租屋驗屋清單

每年的 6 - 9月跟年底的時間可說是租屋市場的周年慶，不論你是高中畢業要進入大學外宿的學生、應屆畢業生準備要進入職場找房的社會新鮮人，或是租約到期想換地方換工作的社會人士，租屋一直都是大家頭最痛的待辦事項。

關於租屋的事前準備做完整、點交過程要仔細，
後續產生問題的機率就相對越少，租屋族點交房間掌握三大口訣 - W‧C‧C，
祝大家都可以順利跟房間配對成功！

■ WHO?誰在租的？

如何避免遇到假租屋真詐財的盜版房東呢？你需要做的就是在簽約前
對房東身份確認一下，不同的立場需要提供的資料也會不一樣。

① 如果是屋主本人可以請他提供下列證明三者擇一。

■ 有照片的身分證件　　　　■ 當年度房屋稅單

■ 房屋權狀或第一類建物謄本

② 如果是代理人則是下列證明三者擇一

■ 屋主與代理人有照片的身分證件　■ 當年度房屋稅單

■ 房屋權狀或第一類建物謄本

註 要注意到有些屋主僅有委託代理人（仲介）帶看物件，
並無委託處理後續租屋相關事項！

③ 如果是包租代管業者下列三者擇一即可。

■ 與屋主住宅包租契約或出租人同意轉租範圍、
租賃期間即終止租約事由確認書

■ 確認服務人員是否為租賃住宅服務管理人員，有無合法證照

■ 所屬的公司有沒有租賃住宅服務業登記證

阿明提供給兩個方法確認代租代管業者有沒有合法。

■ 政府合法登記證及租賃住宅管理人員證書。

■ 到中華民國內政部地政司上網查詢。

! 在109年6月27日後租賃條例
上路後必須是租賃住宅服務業者
才能經營整層房屋的包租轉租！

■ Contract！合約細節要注意

1 乙式兩份
租屋契約必須是乙式兩份，房東一份、房客一份，合約有更改的地方，記得蓋印章或手印。

2 租約期限及地址
合約內務必載明租約有效期限
「自民國XX年XX月XX日至國XX年XX月XX日止」等內容，房客可避免房東臨時不租的狀況，房東也可避免自己的租約變成不定期租約。也要確認合約上地址與實際承租的物件是相同的，避免遇到一屋二租搞烏龍，輪落睡大街的窘境。

3 租（押）金問題
租（押）金的金額、繳款方式及期限，也是租約上重要的一點，轉帳繳款可將轉帳成功的資訊拍照或截圖留存，假如是用「現金繳款」的朋友，記得要在每次繳款完請房東在合約上載明收款日期與金額，作為房東有收到款項的依據，多一層保障少一點糾紛。

4 修繕權責
如房間內有非人為損壞的狀況發生，如：排水管路異狀、電氣設備故障等，房客有修繕告知的義務，依民法房東有維修的責任，合約內文部份，不可有類似「一切衍生問題，都屬房客之責」的條款，也就是房客承租了房屋後就必須負全責的「包山包海包你全家」內容，所以務必要注意契約內有無備註修繕責任歸屬條文。

5 衍生費用計算方式
像是水費、電費、瓦斯費、網路費、社區管理費、機車汽車停車費等，都務必要在簽約時跟房東確認清楚，是有包含在租金內還是需要另外再付額外的費用。其中最令人頭痛的「電費」除了要先確認好計算方式是依照台電帳單還是一度五元，最好是把入住時的電表度數拍照存證，才不會遇到那種大概抓大概算的房東。

6 設備清冊
如果是承租房東有提供傢俱的物件，建議要在合約內一一條列清楚數量跟種類，甚至連大門鑰匙或是門禁磁釦等都要記清楚。

■ CHECK! 房間檢查不可少

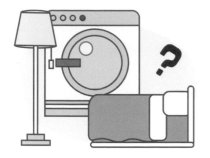

A 屋內環境

首先一踏入房間內，
要確認屋內設備的數量，
是否正常可以使用？
當下發現沒辦法使用的設備
要問清楚房東是否會協助修繕完畢。

B 安全要素

除了屋內環境設備外，
安全也是在外租屋非常重要的一個環節。
要確認對外門窗是否暢通沒有雜物阻塞，
並且可以詢問看看房東有沒有更換過大門門鎖，
是否可以自己更換？
避免前一位房客拿鑰匙直接就把你房間打開。
熱水器是否在通風位置及屋內基本消防設備
例 基本消防設備：滅火器、偵煙器、緊急照明燈等...
建議在入住點交時都要先將位置確認完畢。

當完成前面兩項最基本的房間檢查後，
我們就可以來幫房間拍一組專屬定裝照！
從廁所、廚房、整體空間及各式傢俱設備，
甚至連水表電表度數也都一一拍起來，
附在合約後方，並且雙方都要簽名確認喔！

但上面提到的細節真的建議大家要仔細確認，
所有問題拍照存證、所有承諾及約定白紙黑字寫下來，
雙方有個依據好避免租屋過程產生的不愉快！萬不得已發生糾紛，
也可以參考「租賃專法」或是「消保法」來找找可以捍衛自己權益的法律！

條件設定

A 評估地點
以工作地點爲中心，在理想的通勤時間內向外搜尋，評估可以選擇區域。

B 入住時間
往前15天到一個月的時間來尋找。房東會選近期入住的房客，早點收租金

C 設備需求
自備家具租金會便宜點，但搬運費用也要考量！

D 租金預算
租金佔收入的30%最佳。

建議不同時段都看一次，感受一下環境是否吵雜，周邊環境是不是龍蛇雜處。

賞屋看房

看房的兩大要素『屋內環境』及『消防安全』是千萬不可遺漏的重點。

A 屋內環境
空間格局、家電設備、有無對外窗，屋內現況是否跟房東招租廣告相同。

B 安全要素
確認逃生路線是否暢通、熱水器是否在通風位置及屋內是否有基本消防設備如：滅火器、偵煙器及緊急照明燈。

租房新手村

租房流程之房客篇

起點 Let's GO!

如果合約有公證，時間大約半天跑流程，簽約時記得要保留時間喔！

簽訂租約

A 確認房東身分
確認是房東本人還是包租代管二房東。

B 租約乙式兩份
房東一份、房客一份，簽約有更改的地方要蓋印章或手印，避免日後糾紛。

C 租約期限
合約務必載明租約有效期限。

D 租(押)金
租(押)金的金額、繳款方式及期限，押金退還機制在合約內載明清楚！

E 修繕權責
非人爲損壞，房客有修繕告知的義務，依民法房東有維修的責任。

約滿退房

1 恢復屋內原狀
2 確認押金退還程序與時間
3 確認水電管理費用

點交入住

點交時幫房間拍照留存，屋內環境、家電設備，每個空間都拍照，列印附在合約後方，避免退房遇到損壞賠償的糾紛。

租屋新手老鳥都適用！找房流程之房客篇

房客找房流程一把抓，這次的租屋主題從頭帶你深入了解找房的秘訣有哪些？不論你是租屋新手或是找房老鳥，都歡迎收藏起來！

條件設定

A 地點

以自己的工作地點為中心，在理想的通勤時間內向外搜尋，加上生活機能、周遭環境等去評估會想住在哪一個地方？

B 設備需求

可以先確認自己的傢俱電器設備是不是很多，因為有些房東是會提供設備給租客，但如果是自己有準備的話，可以尋找全空的物件，租金相對有提供設備的物件會較便宜，記得傢俱電器搬運費用也要考量進去喔！

C 入住時間

先從自己原租屋處的租約到期時間，往前15天到一個月的時間來尋找。盡量避免提前太多找房，因為不論是房東或是包租代管業者，比較難幫你保留超過一個月，他們比較會選擇近期入住的房客，可以早點收租金。

D 租金預算

關於預算是租屋最關鍵的一點，評估看自己每月可以接受的租金花費大約佔收入的幾%是既能保持生活品質又不會住的不舒服。前面三點的條件都蠻容易達到，但最後常常會卡在預算不夠的狀況。

賞屋看房

看房的兩大要素『屋內環境』及『消防安全』是千萬不可遺漏的重點。

A 屋內環境

空間格局、家電設備、有無對外窗這些都是要實際看房的重點，確認是不是跟房東在招租平台上寫的內容一模一樣，或是跟照片長得差不多。

B 安全要素

另外除了屋內環境外，「安全」也是在外租屋非常重要的一個環節。要確認逃生路線是否暢通沒有雜物阻塞、熱水器是否在通風位置及屋內基本消防設備。

例 滅火器、偵煙器及緊急照明燈。

建議大家時間許可下，早上晚上跟平日假日都看一次，感受一下環境觀察周圍鄰居是不是會太吵，周邊環境是不是龍蛇雜處。

簽約

A 乙式兩份

租屋契約必須是乙式兩份，房東一份、房客一份，千萬別把自己那份交給房東保管，讓房東有機會可以竄改合約內容。簽約過程有更改的地方，要記得蓋印章或手印，避免日後糾紛。

B 租約期限

合約內務必載明租約有效期限「自民國XX年XX月XX日至國XX年XX月XX日止」等內容，房客可避免房東臨時不租的問題，房東也可避免自己的租約變成不定期租約，同時保障房東及房客雙方。

C 租（押）金問題

租（押）金的金額、繳款方式及期限，也是租約上重要的一點，若是轉帳繳款，合約上務必載明房東的匯款帳號，也可將轉帳資訊拍照或截圖留存，多一層保障；若以現金繳款，也請房東在合約上載明收款日期與金額，作為確保房東有收到款項的依據。

註 另外像是租約期滿的押金退還機制也記得要一併在合約內載明清楚喔！

D 修繕權責

如房間內有非人為損壞的狀況發生，如：排水管路異狀、電氣設備故障等，房客有修繕告知的義務，依民法房東有維修的責任，但詳細修繕責任可藉由契約另行約定，所以務必要注意契約內有無備註修繕責任歸屬的條文。

> 簽約時，需確認合約上地址與實際承租的物件相同，房間編號及樓層務必再次確認，簽約前也要記得確認屋主就是房屋所有權人，避免搞烏龍，輪落睡大街的窘境。另外提醒大家，普遍租屋是不用保證人，但有部分房東會希望將合約拿去公證，對雙方都有保障，公證時間大約會花費半天跑流程，各位在簽約時記得要保留時間喔！

點交入住

簽完約後，就需要與房東確認「屋內設備的數量以及是否正常可以使用」。點交當下如果發現沒辦法使用的設備要向房東問清楚是否會協助修繕等。

假如在點交就有發現瑕疵或損壞的傢俱設備，可以拍照留存，傳給房東或在合約內備註點交時已有瑕疵，避免房東在你退房後追討設備賠償的費用。

阿明建議大家，在點交時就可以幫房間拍照留存，屋內環境、家電設備，每個空間都一一拍照，傳在與房東的對話內容，建議也可以列印附在合約後方，最好雙方都要簽名確認，避免退房遇到損壞賠償的糾紛。

約滿退房

最後在合約期滿退房時，記得要恢復屋內原狀還給房東，也要與房東確認好，押金退還的程序及時間，有些房東會請房客自行到台電及水公司將水電費結清到退租當天，又或者是看度數抓個區間結算。

租屋定型化契約規範重點

重點都在這了!

■ 押金額度
押金最高不得超過2個月租金。

■ 水電費負擔方式
租賃期間不可臨時調漲，
電費不能超過台電計價上限。

■ 修繕責任
非人為損壞房東負擔，
人為或消耗品修繕則由房客負擔。

■ 入戶籍及申請補助(禁止約定)
🚫『不得申報租賃費用支出』
🚫『不得遷戶籍』。

■ 提前終止租約之違約金
違約金賠償金額不可超過1個月租金。

■ 房客得提前終止租約之情形
提前30天告知房東解約不需支付任何賠償

屋內必要設備損壞
房東遲未修繕

房屋因天災損壞
例：颱風、地震

住宅危及承租人
安全健康

承租人因疾病意外
需長期療養

房東一屋二租致租客
不能依約定居住

租客死亡
繼承人終止租約

■ 房東得提前終止租約之情形
下列情況房東可以在規定時間提出終止租約

提前3個月前通知

房東需重新建築或
依法規得提前解約

提前1個月前通知

房客遲繳2個月
租金或其他費用

房客毀損住宅或
設備不修繕賠償

房客擅自將租賃
住宅轉租於他人

房客擅自拿走
租屋處物品

房客違法使用住宅
例：放置危險物品

上述狀況即便合約已成不定期租約房東
還是可以提前終止租約。

■ 點交手續
確認屋內設備數量以及是否可以正常使用，
瑕疵或損壞可拍照留證避免退房有賠償問題。

■ 遺留物處理
房客退房遺留物如經數次提醒仍不取回，
房東可視為廢棄物清除，
清潔費用由房客負擔。

NOTE

租屋定型化契約規範重點

在晉升到有殼一族前，大家勢必都會經歷租屋這個環節。

租屋跟買房一樣會有很多細節需要注意到。

今天讓阿明來帶大家瞧瞧，政府在２０２０年改版新的租屋契約，加上後續申請租屋補助增加的新規範，到底房客可不可以入戶籍？申請租屋補助需不需要房東同意？想要提前解約要幾天前告知才合法？一起來一探究竟！

■ 押金額度

房東向房客收的擔保金（押金），
最高不得超過2個月租金，
且在租約期滿扣除剩餘水電費或其他費用後，
將押金返還給房客。

■ 水電費負擔方式

分租套房最常遇見就是水電費的分擔糾紛，
而新版的租屋定型化契約有載明，
租賃期間水、電費的單價不可以臨時調整，
並且在電費計費上都不能超過台電規定的
「夏月」及「非夏月」計價上限。

■ 修繕責任

屋內設備損壞的責任歸屬，一直都是房東房客頭很痛的一點。

而在租屋定型化契約中也有提到，如果屬於非人為損壞，
例 排水管路異狀、電氣設備故障等，房客有告知的義務，

而依民法房東有維修的責任。但有些屬於消耗品的修繕，
例 燈泡不亮、馬桶經使用不通等，
房東是可以在合約備註修繕費用由房客負擔的喔！

簽約時也要請房東或包租業者，提供有修繕必要時之聯絡方式。

■ 入戶籍及申請補助

在２０２０年新上路的租賃定型化契約，有特別防範禁止房東利用契約條款，與房客約定不得申報租賃費用支出、 房客不得遷入戶籍等內容。

而申請租屋補助方面，也有特別提到，房客申請補貼是不需要經過房東同意，只要是有符合資格就可以申請。

依戶籍法規定，
房客可檢具身分證、遷出地戶口名簿及居住證明文件，
例如未經公證的租賃契約，直接向遷入地戶政事務所申請遷入登記。

■ 提前終止租約之違約金

無論是房東或是房客，如果有要提前終止租約，
違約金最高賠償金額是不可以超過1個月租金。
如果合約有另外約定可以提前終止，則不在此範圍內。

■ 房客得提前終止租約之情形

通常房客提前解約都會需要支付一個月的租金作為違約金，
但如果有以下６種的情況，一樣是提前３０天告知房東要解約，
而房東不得要求任何賠償：

❶ 屋內有必要性物品損壞，經房客定期催告需維修，房東卻遲遲未修繕。

❷ 房屋因天災地變而損壞不能住。
　　例 地震、颱風、土石流等

❸ 租賃住宅有危及承租人或其同居人之安全或健康之瑕疵。
　　也就是有發現房子是輻射屋、海砂屋或是結構有問題等，
　　假如情況屬於緊急者則不一定要在一個月前通知。

❹ 承租人因疾病、意外產生有長期療養之需要
　　註 需要出示６個月以上的診斷證明。

❺ 房東一屋二租，導致承租人不能為約定之居住使用

❻ 租客死亡，而他的繼承人可以主張終止租約

新的房屋租賃定型化契約範本有提前終止租約的選項、應提前通知期間，
違約時最高賠償金不得超過1個月租金。

■ 房東得提前終止租約之情形

如果有發生下列情況，
房東是可以在規定時間內向房客提出終止租約的要求：

A 提前3個月前通知

出租人為重新建築而必要收回
以及依其他法律規定得提前終止租賃契約

B 提前1個月前通知

❶ 房客遲繳 2 個月租金或其他費用，經房東催告仍拒絕繳款

❷ 房客未經房東書面同意，將租賃住宅擅自轉租於他人

❸ 房客毀損租賃住宅或附屬設備，不修繕也不賠償

❹ 房客將房屋做違法使用　　**例** 放置危害公共安全的物品

❺ 房客在不顧房東反對或不知情的狀況下，擅自拿走租屋處的物品

假如說有上述狀況發生，即便合約已經變成不定期租約，出租人還是可以提前終止租賃契約。

■ 點交手續

確認屋內設備的數量以及是否正常可以使用，有瑕疵或損壞部分可拍照留存，避免後續退房有賠償的問題發生。另外點交當下，如果發現沒辦法使用的設備要向房東問清楚是否會協助修繕。

■ 遺留物處理

房客退房後留下的物品如果經過房東數次提醒仍不取回時，房東是可以視為廢棄物清除，且衍生清潔費用由房客端負擔。簽約時也要注意到房東是否有**說明遺留物處理**的辦法。建議大家還是在退房將屋內**恢復原狀**還給房東，才是好租客的表現喔！

新手房東看這邊！
4大租屋流程

STEP1：招租/登廣告

Ⓐ 招租文案

文字內容將房內屋況描述越完整越好。

Ⓑ 屋況照片

物件照片盡量要乾淨、明亮，避免屋內雜亂不堪的樣貌，將屋內確實會提供給房客的傢俱都拍齊全。

Ⓒ 房東簡介

用20字左右簡單提到自己的職業及背景，附上手機號碼或LINE聯絡方式，讓房客安心也方便聯絡。

STEP2：帶看

Ⓐ 基本問題

先透過電話或是訊息，不符合自己期望的租客條件，就在一開始先婉拒，避免浪費帶看時間。

Ⓑ 現場賞屋

除了介紹屋內格局及家電設備外，務必要提到水電費及其他基本費用的收費方式，房客有意願承租，可以當場簽約，或先付訂金保留再約時間簽約。

Ⓒ 訂金細節

訂金金額、房客姓名、租金價格、入住日期、簽約日期、預計租期是幾號到幾號及房東/房客簽名等。

STEP3：簽約

Ⓐ 簽約資料

簽約時請對方提供『身分證及工作證(學生提供學生證)』，確定都是本人承租。

Ⓑ 租約內容

押金、租金、違約金、其他費用、繳款方式及修繕權責劃分等。
屋內有提供的傢俱家電設備清單，拍照列印或是列成清冊檢附在合約後方，承租與退租時可以此作為基準點交。

STEP4：點交

Ⓐ 簽約資料

點交環節，除了交給房客鑰匙及感應器外，同時也要確認房東提供的傢俱設備是否正常可以使用，以免到最後退房點交發生爭議分不清楚。

新手房東看這邊！4大租屋流程

想當幫租公包租婆，透過出租房子讓自己每個月多增加額外收入嗎？或是剛進入租屋市場，對一切都還很陌生不熟悉嗎？今天就讓阿明幫各位新手房東整理『4大租屋流程』讓各位輕鬆找房客、收租金當個好房東。

房東端的租屋流程基本上可以分成4大階段
「招租」、「帶看」、「簽約」、「點交」等，各項重點會再一一為大家說明。

■ STEP1：招租/登廣告

現在的招租平台非常多元，除了在物件門口貼最原始的廣告宣傳單外，另外還可以透過大家最熟悉的591租屋網、ＤＤＲoom、ＦＢ地區性租屋社團等地方刊登廣告。

A 招租文案

文字內容將房間內屋況描述越完整越好，

例 屋內格局及提羹的設備
- 大樓有無門禁及電梯
- 有無物業公司代收包裹
- 水電費及其他費用計算方式
- 垃圾處理方式...等等越詳細越好

比較能夠精準鎖定房客，同時也減少跟房客溝通的時間。

再詳細也可以將物件周邊的生活機能一併寫在文字內容中，
例如：市區騎車5分鐘、步行1分鐘路口轉角有全聯等等字樣。

B 屋況照片

特別要注意到，如果是可以放照片的平台，物件照片盡量要乾淨、明亮，避免屋內雜亂不堪的樣貌，並且在照片張數許可下，角度及傢俱也要全面一點的拍到，將你屋內確實會提供給房客的傢俱都拍齊全。

C 房東簡介

最後再稍微用20字左右簡單提到自己的職業及背景（畢竟近期太多假房東惡房東來詐財），附上手機號碼或是ＬＩＮＥ的聯絡方式，讓房客安心也方便聯絡。

■ STEP 2：帶看

這個環節就是攸關房東會不會遇到真命租客的關鍵，不僅是租客在挑房子，身為房東的你們同時也在挑選租客。事實上，不論是透過訊息或是電話聯絡的那一刻起，房東就要開始注意這位租客的言談禮貌等等細節。

A 基本問題

先透過電話或是訊息確認...

👤 租客背景？	📋 上班地點及職業？
🚭 有沒有抽菸？	🐾 有沒有養寵物？

是第一關篩選門檻，不符合自己期望的租客條件，
就在一開始先婉拒，避免浪費帶看時間。

B 現場賞屋

雙方到現場後，房東除了介紹屋內格局及家電設備外，
務必要提到水電費及其他基本費用的收費方式，
再加上周邊或是社區環境等細節。

> **例** 帶看當天，雙方在租金方面有達成共識，房客有意願承租，
> 可以當場簽約或是先付訂金保留，另外再約時間簽約。

C 訂金細節

大部份訂金是收個形式而已，之後簽約再轉成房租扣掉，
特別要提醒有收訂金的房東要記得寫個收據給租客，
並且要包含...

■ 訂金金額　■ 房客姓名　■ 租金價格　■ 入住日期
■ 簽約日期　■ 預計租約是幾號到幾號　■ 房東簽名　...等。

STEP 3：簽約

A 簽約資料

簽約時請對方提供『身分證及工作證（學生提供學生證）』，房東及房客可以互相留存影本，確定都是本人承租及出租，避免遇到 A 來租結果是 B 在住，發生問題找不到人處理。

在帶看前就可以準備好『一式兩份』的合約，從行政院全球資訊網下載房屋租賃契約書範本列印，或是書局有賣制式的合約（但要先確認是否為最新版本），如果房客當場確定要簽約，也不用再多跑一趟拿合約。

B 租約內容

押金、租金、違約金、其他費用、繳款方式及修繕權責劃分等，都算是合約非常重要的內容，建議都樣詳細記錄在合約內。

> **註** 另外像是屋內有提供的傢俱家電設備清單，建議可以拍照列印出來或是列清冊一併附在合約後方，進房退房就可依此為基準點交。

依據法律規定押金只能收 2 個月，租金普遍會約定每月 1 日前繳交，如果有跟房客另外協議也記得要記錄在合約內。另外像是修繕費用的劃分也要分清楚，非人為損壞的狀況，排水管路異狀、電氣設備故障等，依民法房東有維修責任，但詳細修繕責任如果有另外約定，則會依照合約為主。

STEP 4：點交

點交這個環節，除了要交給房客鑰匙及感應器外，同時也要確認房東你提供的傢俱設備是否正常可以使用，以免到最後退房點交發生爭議分不清楚。如果是社區大樓，也可以讓房客認識管理室位置及丟垃圾的地方等，提醒房客需要遵守的社區規約等等。

> **註** 建議如果是電器類型的設備，可以備註廠牌，避免退房發生日立雙門冰箱變東元單門小冰箱的狀況。

一圖秒懂！

公益出租人懶人包

哪些情況符合租金補貼申請資格？

每年8月
隔年2月

每年8月或隔年2月
辦理之住宅補貼方案
不論自然人或法人
只要房客資格審核通過
房東就是公益出租人

公益出租人是什麼？

只要你是住宅所有權人
將住宅出租給符合租金
補貼申請資格的房客
就屬於公益出租人

房東如何成為公益出租人？

A 政府直接認定

房東不需提供資料
主管機關會根據
住宅法 第三條第三款
認定公益出租人資格

B 屋主自行申請認定

由房東下載好申請書
等相關檢附文件向出
租建物所在縣市政府
提供申請的審查文件

公益出租人能享有什麼優惠？

公益出租人可享有三大稅賦優惠

A 房屋稅

同自住住家用稅率　1.2%

最高不得超過　3.6%

◆ 但地方政府會依照所有權人
名下持有的房屋戶數
訂定差別稅率

B 綜合所得稅

自110年6月11日起每屋每月租金收入

免稅額度調整成　1萬5,000元

（110年6月9日住宅法修正前為最高1萬元）

◆ 如果物件屬於只有1個門牌的
透天或分租套房每月最多也是
1萬5,000元免稅額！

C 地價稅

依住宅法16條按自用住宅用地稅率　**2%**

◆ 詳細內容則依每縣市自治條例規定
建議房東提出申請前向地方單位
確認一下！

公益出租人是什麼？享有什麼優惠？

政府為了落實居住正義，從２０１７年開始
推動一系列友善租屋市場的政策，
從「租金補貼」、「公益出租人」到「社會住宅包租代管」
等不同方案的優惠補助來照顧到房東及租客雙方的權益。
除了房客最有感的租金補貼，
房東之間討論得沸沸揚揚的就是公益出租人及社宅的優惠政策，
不少房東想把閒置空屋拿出來租但又不知道該怎麼配合政策享優惠，
關於「公益出租人」的介紹，今天就讓阿明整理給大家知道！

■ 公益出租人是什麼？

只要你是住宅所有權人，
或是你的出租建物屬於未辦理建物所有權人
第一次登記住宅且所有權人不明的「納稅義務人」，
有將住宅出租給符合租金補貼申請資格的房客，
且經過直轄市、縣（市）主管機關認定的房東，
都算在公益出租人的範圍內。
簡單來說只要租客符合申請租金補貼資格，房東就是公益出租人。

特別要注意到，屋主跟出租人要是同一人，就算是夫妻或直系親屬的
關係也不行。另外像是多人持有產權的話也都要在租約記載全部
共有人的資料，除非分別共有的人只出租自己持有的面積範圍，
其他共有人為出租，就不須載明其他共有人的資料。

■ 哪些情況符合租金補貼申請資格呢？

政府辦理的各種租金補貼方案

例
- 每年8月或隔年2月辦理之住宅補貼方案
- 各地方政府辦理的低收入戶及中低收入戶租金補貼
- 身心障礙者租金補貼等等...

不論自然人或法人只要房客資格審核通過，房東就算是公益出租人。

■ 房東如何成為公益出租人？

有2種方式可以變成公益出租人：「政府直接認定」或是「屋主自行申請認定」。

A.「政府直接認定」

房東不需要提供資料給政府，主管機關會根據《住宅法》第三條第三款，就可直接認定公益出租人資格，直接辦理稅賦減免。

B.「屋主自行申請認定」

由房東下載好申請書等相關檢附文件，向出租建物所在縣市政府提供申請的審查文件。

■ 「公益出租人」v.s「社會住宅包租代管」差在哪？

就有朋友有疑問那我加入社會住宅給政府幫忙包租代管跟自己是公益出租人有什麼差別呢？針對社會住宅包租代管，政府有提供3大項優惠方案「3稅有減免、3費有補助、3年有服務」的措施，鼓勵手上有閒置空屋的房東將房子租人。

A 3稅減免：房屋稅、地價稅、所得稅

公益出租人及社會住宅包租代管三種稅都會享有優惠！房屋稅及地價稅都是享有自用住宅的稅率，稍微有差異的地方是綜合所得稅的修繕費用扣處項，公益出租人可扣除43%的修繕費用率，而社會住宅包租代管則可以享有60%的修繕費用率舉房屋稅為例，稅率會從原來一般出租住宅適用的2.4%變成公益出租人的1.2%。其次的地價稅稅率同樣也會由千分之十降低為千分之二。

- 一般出租需課稅所得額：月租金 x 12 x（1 - 費用率 43%）
- 公益出租需課稅所得額：(月租金 - 15000) x（1 - 費用率 43%）
- 包租代管需課稅所得額：(月租金 - 15000) x（1 - 費用率 60%）

例 所得稅每月可以減免1萬元，假設月租金2萬元，房東綜所稅率20%
正常要繳的綜所稅會是**20,000元 x 12個月 x（1 -43%) x 20%=27,360元／年**

但如果你是公益出租人每月可以先減免1萬5,000元（110年6月後調整），
等於是每年應納稅額變為**5,000元 x 12個月 x（1 -43%) x 20%=6,840元／年**

B 3費補助

社會住宅的房東才有！社會住宅的房東才有！合約公證費每件3,000元、修繕費每年10,000元、保險費每屋3,500元。而公益出租人的房東則是每年可以扣除43%的必要費用支出，不需要檢附單據。

C 3年服務

社會住宅的房東才有！配合的包租代管業者，會安排相關房務管理人員協助一切租賃事宜，例如：屋況與設備點交、收租管理、修繕、糾紛協調等服務內容。

公益出租人的優惠內容，比較傾向於出租給領有租金補貼資格者的房客；而**社會住宅包租代管**是由包租代管業者提供管理服務，引導房東拿出閒置房屋。

■ 公益出租人能享有什麼優惠？

公益出租人可享有三大稅賦優惠，分別為房屋稅、綜合所得稅及地價稅，但僅限是『合法建築物』。

A·房屋稅

同自住住家用稅率 1·2%　　但各地方政府會依照所有權人名下
最高不得超過 3·6%　　持有的房屋戶數訂定差別稅率。

註 每月租金未超過35,100元者臺北市相當稅率0·6%

B·綜合所得稅

自110年6月11日起每屋每月租金收入免稅額度調整成1萬5,000元且每年報稅時，可扣除必要費用為租金43%，無須檢附任何單據。

註 110年6月9日住宅法修正前為最高1萬元

特別要注意到，所得稅的優惠僅限於房東是「自然人」才有喔！

另外像是出租物件是屬於只有1個門牌，但分別出租給不同房客的透天或是分租套房，最多也只有每月1萬5,000元的免稅額計算，因為綜合所得稅免稅額是跟著「門牌」計算，一個門牌只有一個免稅額度喔！

C·地價稅

依照住宅法第16條，可以按『自用住宅用地稅率2%』，而地價稅詳細的內容則依每縣市自治條例規定。

註 臺中市僅針對經濟或社會弱勢房客的房東才有減免。

目前除新北市政府尚未通過自治條例外，其餘21個直轄市、縣市政府皆已配合訂定。建議房東在提出申請前要向地方單位確認喔！

>>| 貸款

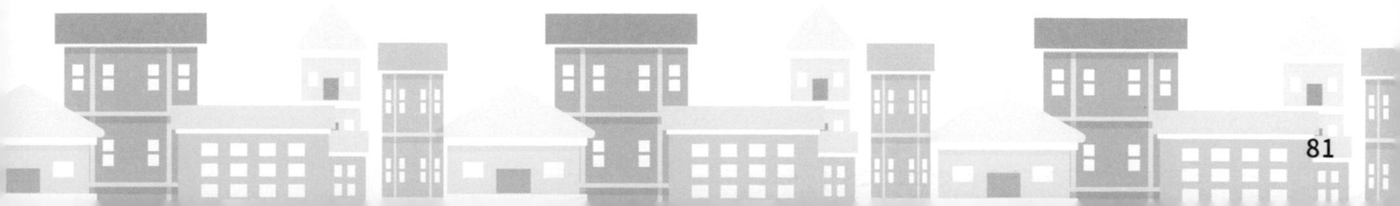

房貸年期怎麼選？

20 ◆

買房增值小屋換大屋

適合現金流穩定充裕

20年期

30 ♠

不想被房貸卡太緊

讓手上資金靈活運用

30年期

40 ♥

門檻高需精華地段擔保品

不超過40歲首購族

40年期

運用房貸強迫儲蓄

假設你是每月現金流穩定，
收入支付房貸加上生活開銷
游刃有餘。強迫買房存錢，
等想換屋時把房子賣掉，
就可以將先還的本金連同增值
變成下間房自備款，
讓自己小房換大房。

資金靈活可攻可守

資金可靈活運用不會被卡太緊。
但要注意會有綁約問題，
如果想提前清償本金，
會加收提前清償違約金，
在選擇銀行要特別注意。

PS. 假如開始選20年房貸之後
想延長30年不容易，一開始選
擇30年房貸進可攻退可守。

限制多負擔最輕鬆

40年期房屋貸款門檻高：

1 須符合「首購」身分

2 年齡不超過40歲，部分
銀行規定「貸款年限＋貸
款人年齡」不超過75歲

3 貸款人每月收支比
最好低於60%

4 擔保品必須
坐落在精華區。

🏠 房貸利息換算 🏠

以購買**1500萬**房產估算

■ 自備款 **20%**
■ 貸 款 **1200萬**
■ 利 率 **1·8%**
■ 本息攤還且無寬限期

	20年期	30年期	40年期
本　金	41,576	25,164	17,089
首期利息	18,000	18,000	18,000
月付本息	59,576	43,164	35,089
利息總額	約230萬	約354萬	約484萬

20/30/40年房貸大補帖

前陣子央行為了減緩房市熱潮，跟著美國聯準會升息半碼，如今聯準會升息到3碼，台灣央行宣布再度升息半碼（０·１２５個百分點），國內首購族房貸利率地板價也將從１·６８５％提高到１·８１％。

在這樣房貸利率創２０１６年以來新高，房貸族或是首購族在面對升升不息的利率走勢，該如何選擇貸款年限呢？

是要貸好貸滿讓荷包沒那麼緊張可以喘口氣呢？

還是長痛不如短痛速速還款呢？

今天讓阿明幫大家分析一波房貸大補帖，從２０年、３０年、４０年一一帶各位搞懂來！

■ 房貸年限怎麼挑？

目前常見的房貸年限有１５年、２０年、３０年不等，但其實早期買房貸款年限通常為１５-２０年。

而在１９９５年修訂《銀行法》第３８條後，將無自用住宅者購買自用住宅之放款的房貸期限延長至３０年之後，逐漸讓３０年期房貸逐漸成為市場主流。

而部分銀行甚至再推出４０年期的房貸拉長還款年限，但僅限無自用住宅的首購族，且設有「借款人年齡加貸款年限小於一定數字」等門檻。

■ 20年房貸強迫儲蓄

以貸款試算公式來看，３０、４０年房貸每月的還款金額較２０年期來得少，但整體利息卻高出許多。

例 以下表購買１５００萬房產估算

- ■ 自備款　　　２０％
- ■ 貸　款　１２００萬
- ■ 利　率　　１‧８％

本息攤還且無寬限期估算下來，就可以明顯看得出利息差異。

20/30/40年期房貸利息一覽			
年　　期	２０年	３０年	４０年
本　　金	41,576	25,164	17,089
首期利息	18,000	18,000	18,000
月付本息	59,576	43,164	35,089
利息總額	約230萬	約354萬	約484萬
增加利息與２０年相比	-	約124萬	約254萬

假設你是屬於每月現金流穩定，收入支付房貸費用加上生活開銷游刃有餘。
在沒有其他熟悉、安全、穩定的投資工具，是可以考慮縮短房貸年限，讓自己每月多繳一些房貸，甚至如果有領年終獎金提前還款，強迫把錢存在房子，等到之後有想再換屋把房子賣掉時，原先已經還掉的本金連同增值空間變成下一間房子的自備款，讓自己可以以小換大。

■ 30年房貸進可攻退可守

選擇３０年房貸的好處是每月還款金額比較少，手邊有多餘資金也可以先償還部分本金，同時３０年期房貸也可以讓自己手上有寬鬆資金可運用，比較不會被卡太緊。假如一開始先選２０年後續想再延長會相對困難，屬於進可攻退可守類型。

但要注意到通常會有綁約１－３年，在這期間如果想提前清償部分本金，會加收０‧５％－１％不等的提前清償違約金，３年後多數銀行都可提前清償免違約金，在選擇銀行要特別注意到這點。

■ 40年期房貸限制多每月負擔最輕鬆

年限越長的貸款，降低每個月的還款壓力，相對手邊可以運用的資金就更為彈性。但由於４０年期的房屋貸款很長，大部份銀行為了避免風險過高，設定的申貸門檻會比前２０年、３０年房貸來得多。

基本審核門檻（詳細條件依各銀行為主）：

1 符合「首購族」身分

- -

年齡不能超過40歲

2 部分銀行規定「貸款年限＋貸款人年齡」不能超過75歲，
就是說想要貸款４０年，年齡不能超過３５歲

- -

貸款人每月收支比最好低於６０％
（房貸繳款金額占總收入的百分比）

3 且部分銀行有額外規定職業及收入要在１００萬以上，
或是「屋齡＋貸款年限」要小於６０，也就是屋齡要小於２０年。

- -

擔保品必須坐落在精華區

4 例如：每個縣市允許的坐落地區、擔保品的流動性不能太差、
不易處分的擔保品，例如：別墅、小套房、老房子、工業住宅等。

也因為貸款期限長，總利息算出來甚至有可能會比20年房貸多出1倍，還要考量到未來央行升息的可能性，避免無形中貸款壓力增加。

■ 同場加映：央行限縮30年房貸有影響嗎？

至於前陣子政府為了避免有低價購入高價賣出的炒房行為，限縮３０年房貸的申貸對象，藉此達到打炒房的目的。限縮政策主要針對：以公司法人名義購置住宅、首購族如果購買高價住宅、自然人特定地區（六都加新竹縣市）第２戶購屋、自然人第３戶以上購屋等情況才有影響。

! 高價住宅例如：台北市7000萬元以上、新北6000萬元或非大台北地區
4000萬以上房屋，才可能被影響到。

但要特別注意到的是「換屋族」，假如你一開始以３０年房貸購入的第一間房還沒脫手，就購入第二間房，那銀行最高可以提供的貸款年數就有限。大家在購買房屋前，還是要先請銀行鑑價並試算相關的貸款規劃，

最後阿明想提醒大家，申請到的房貸年限越長，每月需要攤還的本金相對越低但利息較多。建議大家在考慮貸款年限時，控制在個人收入的１／３左右，並且要將利息支出差距、通貨膨脹及個人經濟狀況等因素加入評估範圍內。

誤踩房貸 三大NG

經過千辛萬苦，買房好不容易完成簽約，沒想到銀行申貸更累人！

 NG1 辦理房貸綁壽險 額度較高低利率較低

壽險型房貸與《公平交易法》牴觸，業務若不當搭售「房貸壽險」未充分說明影響權益重要事項，都是不被允許的。

如果房貸業務以「辦理房貸綁壽險可獲較低貸款利率」，屬違反公平交易法，是可以檢舉的。

你只要綁這個就可以…

少騙人了!!

 NG2 銀行要求提供保證人

根據目前《銀行法》規定，銀行辦理自用住宅放款及消費性放款：

不得要求借款人提供連帶保證人

已取得前條所定之足額擔保不得要求借款人提供保證人

銀行辦理授信徵取保證人應以一定金額為限

一般保證人

一般保證人信用額度不會因擔任保人而被占用，除非貸款人償還金額不足，銀行才會請一般保人清償。

V.S

連帶保證人

連帶保證人責任視同借款人連帶保證人的信用額度會因擔任保人而被占用。

 **NG3** 說好的貸款成數在哪裡？

很多民眾買房前會事先要求房仲代書申請銀行預估貸款金額，但在正式簽約買賣後發現，說好的額度不見了…

怎麼跟說好的額度不一樣？

銀行估價是以市價評估還是銀行鑑價評估？

如果是市價1000萬，市價八折是800萬。

如果是銀行估價800萬的八折，那就只有640萬。
二者之間有很大的差異。

誤踩房貸三大NG!？
向銀行申貸像比武三大情境你遇過哪一種？

經過千辛萬苦，買房好不容易完成簽約與下訂，沒想到和代銷與房仲過招完，和銀行申貸更累人！辦理房貸的複雜程度堪比斡旋或簽買賣合約。

辦理房貸時，都會先和銀行放貸部門業務交涉，很多人會說「貨比三家不吃虧」，但建議向銀行申辦借款申請前，先了解各銀行房貸的機制與條件。避免申辦借款聯徵查詢紀錄過多，影響聯徵的結果。

無論是選平日有往來的銀行，或是由仲介、代書、建商介紹，買方都需跟銀行貸款業務打交道，請銀行針對房屋產進行鑑價，並依照申貸人的財力條件討論較適合的貸款方案。然而這一階段卻消耗不少買方的心力......

以下三種與銀行申貸會遇到的情境，
是阿明認為最常遇到，也最麻煩的狀況...

情境一

> **銀行聲稱：辦理房貸綁壽險，可獲較低貸款利率，**
> 白話文：人在房在、人出事，房子還能被清償。

(民眾OS：多買保險每月就要多繳保險費！)

■ 由於壽險不同於房火災地震險是強制保險，且保費較高，是許多民眾最避諱的條件之一。由於壽險型房貸與《公平交易法》相互牴觸，金管會也有聲明，辦理房貸業務，若不當搭售「房貸壽險」，或未充分說明影響客戶權益重要事項，都是不被允許的。

銀行若表達申貸房貸也一併辦理壽險時，借款人須充分了解合約內容，並讓借款人有選擇權利。

注 如果房貸業務以「辦理房貸綁壽險可獲較低貸款利率」，此屬違反金融監督管理委員會（簡稱金管會）之規定，是可以檢舉的。

情境二

銀行通知「核貸有困難，請提供保證人」，
還不忘提醒「年輕、百大企業、軍公教」最好。

(民眾OS：存款利率低，投資不認資產嗎？)

根據目前《銀行法》規定，銀行辦理房貸，如果銀行已取得足額擔保，不得要求借款人提供保證人。

除非無取得足額單板，才能要求「一般保證人」而非「連帶保證人」。

什麼是足額擔保呢？如果銀行鑑價已經大於或等於貸款申請，這就是足額擔保。貸款人已經將購入的房子當作擔保品，向銀行承貸。假設購入的物件為兩千萬，貸款七五成的一千五百萬，則為足額擔保，借款人不需要再提供保證人。

至於，連帶保證人與一般保證人差異在哪呢？簡單說，連帶保證人的責任視同借款人，連帶保證人的信用額度「會」因擔任保人而被占用。且銀行要追討債務時，會跟貸款人、連帶保證人一起追討債款；若是一般保證人，信用額度「不會」因擔任保人而被占用，除非貸款人償還金額不足，銀行才會請一般保人清償。

過往因為債權人與連帶保證人之間爭議不斷，故民國一百年《銀行法》已修法，保障保證人的權益。

而銀行放款除了擔保物鑑定外，其借款人本身信用狀況，財力面都會綜合評估，因此若借款人財力不足，銀行對借款人之還款能力有疑慮時，有可能不承作或降低貸款金額，則借款人可主動要求提供一般保證人來強化審核條件，借款人也可以書面出具同意書，向銀行表達意願。

情境三

貸款成數變來變去，銀行放貸業務說法不一。

（民眾OS：一下7成，一下8成，差異很大啊！）

申貸成數是許多人在意的條件，很多民眾買房前會事先要求房仲代書申請銀行預估貸款金額，但在正式簽約買賣後發現，說好的卻額度不見了…

⚠ 這邊要特別注意

> 銀行估價是以「市價評估」還是「銀行鑑價評估」，
> 如果是市價1000萬，市價八折是800萬；
> 如果是銀行估價800萬的八折，那就只有640萬。

以上二者之間有很大的差異，民眾在進行房貸估價時要特別注意。

銀行放貸業務在前期評估時，會先請貸款人提供自身條件、房屋地址等資訊。

銀行業務有必要告知民眾，若確定送貸會進行正式聯徵，並依照貸款人的收支比來核貸，此時有可能和一開始的評估有所差異。若民眾因資金流動受限，期望貸到8成，有些銀行的業務會提出「解決方案」，例如房貸再加上信貸，拆分成7成與1成來達到8成的期望，但房貸與信貸的利率，仍然有差異。

若期望貸款額度高，建議民眾於購屋計畫前，先做自身金流管理，注意信用卡是否有按時繳清、手上是否有貸款，並且維持帳戶穩定金流。

以上三種情境你最討厭、害怕遇到哪一種？
除了以上三種情境，阿明還常聽過銀行業務要求「順便」辦個信用卡，衝衝業績。辦理房貸，除了找自己有來往的銀行之外，阿明推薦大家可詢問周遭親友有接觸過的銀行業務，往往可以打聽到前人的經驗喔！

房貸「寬限期」使用守則!

一次搞懂!

房貸「寬限期」是什麼?

在房屋寬限期內只還利息,
寬限期結束再攤還本金及利息。

優點	缺點

還息不還本,
減緩繳款壓力
資金可靈活運用,
財務規劃自由。

未繳本金會在寬限期後
與利息平均攤還,
導致後期利息較高,
整體繳交費用較多。

申請房貸寬限期條件有哪些?

寬限期申請條件會依每間銀行規定不同,
大致歸納以下幾點:

借款人具備中華民國
國民身份且年滿 20 歲

與銀行往來信用狀況良好
(信用正常,無瑕疵紀錄)

房屋是「自用住宅」,
非自住民眾不一定會核准

寬限期適合族群有誰?

現金流不足
較常出現在「有裝潢、修繕需求的
首購族」及「先買後賣換屋族」。

短期出售投資客
透過寬限期壓低投入的本錢,
在寬限期到期前將房子轉手出售。

未來2-5年內預期收入增加
通常是自己開店或工資調漲的人,
像是業務或是年資期滿,
有業績獎金入帳的。

央行對於寬限期有3點管制

名下有3戶(含)房貸,
無法申辦寬限期。

第2戶房貸
位於六都及新竹縣市,
同樣無寬限期。

高總價物件,無寬限期

Ps.以上為申請寬限期基礎條件,詳細規範
　　須視各家銀行網站公佈為主。

房貸寬限期常見3大疑惑

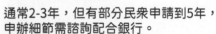

Q1.
房貸寬限期最長幾年?
通常2-3年,但有部分民眾申請到5年,
申辦細節需諮詢配合銀行。

Q2.
可以還款中途申請嗎?
可向銀行協調,不一定會受理,
實際情況須視各家銀行規定。

Q3.
寬限期內可提前還本金嗎?
依銀行約定,目前大部分是沒有
違約金問題。

購屋必知！『寬限期』的使用守則

說到買房，大家腦海中跳出來的就是自備款、裝修款甚至是日後的房貸，光用想的就已經快喘不過氣，難道說買房對年輕人來說是只遠觀不可褻玩焉的神話嗎？難道就只能與屬於自己的窩漸行漸遠嗎？

事實上不少人會選擇透過申請「房貸寬限期」的管道，來減輕買房時的壓力，但這個看似好處多多的寬限期，到底是怎麼一個寬限法？對購屋族群是蜜糖還是毒蘋果？讓阿明分成 4 大主題一一為各位說仔細講明白！

1 房貸『寬限期』是什麼？

「寬限期」＝「還息不還本」

也就是在申請房屋貸款時，可以選在一定期限內寬限還款金額，也就是民眾只需要還利息不攤還本金，寬限期結束再攤還本金及利息，假設貸款３０年，申請到３年寬限期是「3年利息＋27年的本金＋利息」這樣的還款方式。寬限期能夠減輕剛購屋時繳貸款的壓力，對於有財務規劃的朋友，是很方便的工具，不僅寬限期內不用還本金，前期需要繳款的金額也不到原來每月還款金額的1/2。

2 申請房貸寬限期條件有哪些？

針對寬限期的申請條件，
會依照每間銀行的規定而有不同的地方，
但阿明大致幫各位歸納出以下幾點：

 借款人具備中華民國國民身份且年滿 20 歲

 歷年來與銀行往來信用狀況良好（信用卡還款正常無瑕疵紀錄）

 貸款房屋是「自用住宅」如果是非自住的首購民眾不一定會通過寬限期的核准

優點

① 還息不還本，減緩繳款壓力、前期資金可靈活運用，財務規劃較自由。

缺點

① 前期未繳的本金會在寬限期後與利息平均攤還，務必評估自身還款能力再申請。

② 由於寬限期後償還的本金較多，導致後期需要償還的利息也相對較高，整體繳交的費用也會比較多。

而央行對於寬限期的申辦
也有另外 3 點管制：

■ 名下有3戶（含）房貸，無法申辦寬限期

■ 如果名下第2戶房貸位於六都及新竹縣市，同樣無寬限期

■ 高總價無寬限期。

Ps． 以上條件為申請房貸寬限期的基礎條件，詳細規範仍須視各家銀行網站而定。

3 寬限期適合族群有誰？

■ 現金流不足

通常現金流不足較常出現

 有裝潢、修繕需求的首購族

 先買後賣換屋族

其中像是換屋族，會遇到舊屋還沒賣掉，但購入的新房資金臨時軋不過來，這時候寬限期會很方便的解決這樣的窘境。後續將舊屋出售後資金到位就不用擔心還款問題，甚至可以加速本金攤還。

■ 打算短期出售的投資客

部分短線進出的投資客在房地合一稅的規定限制內，透過寬限期盡可能壓低自己所投入的金錢，在寬限期到期後將房子轉手出售。但是！務必要注意到房子是不是可以順利再寬限期結束前出售，

並且要看自己的持有年限	持有 2 年內	稅率 45%
是不是有在「房地合一稅」的年限內	超過 2 年未滿 5 年	稅率 35%

大部分銀行審核通過的寬限期落在 1 年至 3 年（5 年相對少數），即便是在寬限期到期前房屋有增值，但也會因為房地合一稅的重稅，不至於到大賺一筆，各位投資人還是要謹慎。

■ 未來 2 - 5 年內預期收入增加

通常會是自己開店做生意的人，預期在寬限期內賺到一桶金，或是工作薪資調漲的人，像是業務或是年資期滿的人，有業績獎金入帳的。

也有因為現在的低利率，將手上有的現金做投資，等寬限期後再慢慢還款的「先投資再還錢」族群，雖然因為投資報酬率可能會比房貸利率高，但如果操作不利，有賠錢的風險存在！

4 房貸寬限期常見3大疑惑

Q1 · 房貸寬限期最長可以申請到幾年？

A 普遍銀行提供的寬限期落在 2 - 3 年之間，但有部分民眾條件符合，是可以申請到 5 年的寬限期，詳細申辦細節還是依照自己配合的銀行為主。

如果想延長寬限期，銀行會針對你的還款記錄去評估，但還是建議各位，非不得已盡量避免延長寬限時間，避免造成加入本金後，要繳的房貸總金額會越來越高，讓日常開銷卡緊緊的狀況。

Q2 · 可以房貸還款中途申請寬限期嗎？

A 假設你一開始沒有向銀行申請寬限期，還款到一半才改變心意要寬限期，只能向銀行協調看看，銀行不一定會受理你的需求，實際情況仍須視各家銀行規定。

Q3 · 房貸寬限期間內可以提前還本金嗎？

A 在申辦房貸寬限期時，等於是另外再跟銀行簽單獨一份合約，假設你想提前償還本金，依銀行規定不同，有些銀行不允許，則會有違約金。

阿明建議大家，在簽訂寬限期合約前務必確認自己的財務狀況及開銷分配規劃！寬限期的優點及缺點是相輔相承的，前期的還息不還本，等於是將後期的本金還款時間縮短而已。它的確可以減輕購屋族前期的資金壓力，但假設你的規劃不夠全面，等於會變成另一種加重負擔的還款方式。

買房貸款懶人包

房貸常見的迷思

▶▶▶ **Q1 辦房貸一定要有保證人嗎？**

保證人與否取決於你的還款能力。

假設你本身的財力條件不夠（年收入太低），銀行視情況要求申貸人找保證人。

Q2 收入越高、房貸利率越低？

銀行會比較注重你的常態性收入，而不是一次性大筆金額的收入。

假設每月月薪維持在10多萬以上且收支比合理，銀行自然會認為你是優質客戶。

6個申請房貸注意事項

① 自備款要夠！

房貸申請起手式，無疑就是你的自備款夠不夠。一般申請房屋貸款最高是可以貸到8成，這時你的自備款就需要準備2～4成左右，會依照你的個人信用程度來核定成數。

② 房貸優惠方案有哪些？

事先抓出自己要準備的自備款要多少後，接下來就要開始去搜集各大銀行提供房貸優惠方案有哪幾種？

③ 自身信用狀況好不好？

在申請房屋貸款的過程，有個環節是銀行根據你的聯徵資料確認你有沒有不良的償債紀錄，及相關的財力證明資料，核定要給你的房貸成數、金額、利率及寬限期。

④ 房貸額度要拿捏

雖說房貸最高可以貸到8成，但影響成數高低還包括個人財力及房屋條件。申請房貸記得先考量額度夠不夠，其次才是年限長短及利率。

⑤ 房貸利率要小心

房貸利率的計算方式會用指標利率＋加碼利率來計算，會依據中央銀行是否有宣布升降息，以碼為單位(1碼0.25%)來調整。

⑥ 房貸年限適中即可

申請房貸最後一步就是確認貸款年限。年限越長的貸款，可以降低每個月的還款壓力，同時每月手邊可以運用的資金就更為彈性，但是要繳的利息就會比較多。

買房貸款 I 注意懶人包

阿芝再經歷一番波折順利買到房簽完約，準備進入簽約後的一連串的過戶核貸手續，但因為是第一次買房，光是在看房找房腦細胞就已經燒掉一大半。更不用說到後面的申貸流程跟各種細節，完全不是一頭霧水可以形容的狀況。

到底買房貸款除了了解流程之外，還有哪些地方要注意的呢？這篇阿明會拆成三部分來為大家解說一番！

6個申請房貸注意事項

1 自備款要夠！

房貸申請起手式，無疑就是你的自備款有沒有夠。
一般申請房屋貸款最高是可以貸到8成左右，
這時你的自備款就需要準備2~4成左右，
會依照你跟人的信用程度來核定成數。

並不是每一種房屋類型都要一次性繳清自備款，
例如購買預售屋的話，你的自備款就會分為：

* 簽約前小定
* 簽約金及開工金
* 議價完補足定金
* 階段性工程款

大約會落在房屋總價的10%~15%左右，
而這部分的費用是沒辦法向銀行貸款的。
反之，如果是買中古屋或新成屋，
可能就必須在短時間內一次繳清。

❷ 房貸優惠方案有哪些?

事先抓出自己要準備的自備款要多少後,接下來就要開始去搜集各大銀行提供的房貸優惠方案有哪幾種?像是財政部的「青年安心成家購屋優惠貸款」、內政部的「青年安心成家方案」,或是針對『公教人員』有另外專屬的房貸方案「築巢優利貸」等,可以幫自己減輕房貸利息負擔的補貼或優惠方案。在申請前記得多方注意優惠資訊喔!

❸ 自身信用狀況好不好?

在申請房屋貸款的過程,有個環節是銀行根據你的聯徵資料確認你有沒有不良的償債紀錄,及相關的財力證明資料,核定要給你的房貸成數、金額、利率以及寬限期。

假如像軍公教、上市上櫃公司員工或律師醫師這類型專業人士等『薪資穩定』族群,銀行端比較會放寬申貸條件,取得最優惠的房貸方案。

反之,假如你是收入不穩定、曾經有欠款未結清、預借現金、使用信用卡循環利息紀錄等,銀行會認定你的財力狀況不好,而影響到你最後的核貸內容,可以申請的房貸成數也會打折扣。大家要記得,保持良好的還款記錄,不要欠繳信用卡或其他貸款,降低自己的信用分數喔!

❹ 房貸額度要拿捏

雖然說房貸最高可以貸到8成,
但影響成數的高低還包括「個人財力」及「房屋條件」。

曾經有發生過準備核貸前,發現自己得癌症,銀行端認為這位申貸人可能會無法順利還款,就認定資格不符取消撥款的狀況。

另外假如是購買高價住宅的物件，政府有實施貸款額度限制，台北市鑑價在7千萬、新北市6千萬、雙北以外縣市4千萬以上的房子，最高貸款成數只能到4成，沒有任何寬限期，且不能用其他周轉金或是房屋修繕的名義來提高貸款額度。所以儘管有先向銀行詢問可以貸到的成數，還是要保留部分現金以備不時之需。

> **註** 阿明提醒大家，申請房貸記得要先考量額度夠不夠，其次才是年限長短及利率。假如因為房貸利率差0.1%～0.2%左右，每月還款金額沒有差太多，但貸款成數下降，你要準備的自備款就會變多喔！

5 房貸利率要小心

房貸利率的計算方式會用『指標利率＋加碼利率』來計算，
會依據中央銀行是否有宣布升降息，
以碼為單位（1碼0.25%）來調整。

> **例** 假設貸款1千萬，期限30年，
> 原本每月房貸3萬5494元，升半碼後，每月房貸增為3萬6108元，
> 比不升息時多繳614元。也就是，**一年需多繳大約7368元。**

申請房貸中的利率會影響後續繳款的金額多寡，可以依據你個人的狀況，向銀行協調指標利率要採用「月調」還是「季調」。

6 房貸年限適中即可

申請房貸的最後一步就是『確認貸款年限』。
年限越長的貸款，可以降低每個月的還款壓力，
同時每月手邊可以運用的資金就更為彈性，
但是要繳的利息就會比較多。

目前最長的貸款年限多為30年，少部分可以申請到40年房貸，但由於40年期的房屋貸款很長，大部份銀行為了避免風險過高，設定的申貸門檻會比前20年、30年房貸來得多。

40年房貸僅限無自用住宅首購族，借款人「年齡加貸款年限」有門檻。以目前有申辦40年房貸銀行來說；房貸年期加年紀不得超過75歲，甚至有銀行規範，擔保品屋齡＋貸款年限要小於60，就是想辦40年貸款屋齡要小於20年。

因此在申請貸款時，務必考量清楚自己的財務狀況可以負擔的範圍，建議每月要繳的房貸額不要超過月收入的1/3，都算在合理範圍內。

房貸常見的迷思

■ Q1： 辦房貸一定要有保證人嗎？

『保證人』與否取決於你的還款能力。
假設你本身的財力條件不夠（年收入太低），
銀行視情況要求申貸人找保證人。有以下狀況就會要提供保證人：

A 屋主不是貸款申請人，例如房子是媽媽的，貸款申請人是女兒。

B 申貸人無法提供薪資財力證明，或是工作領現金沒有銀行出入的紀錄等財力證明不明確的狀況。

C 有延遲繳款紀錄

D 負債與收支比重嚴重不平衡（收支比、負債比偏高）

■ Q2： 收入越高、房貸利率越低？

房貸利率的高低主要是根據你的「收入穩定度」來評估。

銀行會比較注重你的「常態性收入」，

而不是一次性大筆金額的收入。

假設每個月月薪維持在10多萬以上且

收支比合理，銀行自然會認為你是優質客戶。

■ 同場加映：房貸清償注意事項

假設未來有計畫想「提前還房貸」，

記得先與銀行確認會不會需要酌收『手續費』或『違約金』。

在最後真正清償完房貸後，也要注意是否有取得清償証明，包含：

A 抵押權塗銷同意書

B 他項權利書

C 火災保險單正本

D 抵押權範圍設定契約

買房對保 注意事項

個資及權益

對保過程中每一個簽名的用途、項目與欄位，務必確認再確認才下筆。對保完成後要將正本證件收好，提供的影印本上方也記得請銀行端註明「僅供辦理貸款使用」等字樣。

紙本合約也要記得蓋上騎縫章，防止抽換掉包。

工作及信用狀況

有些銀行會在對保完成後，再次確認貸款人的工作狀況是否有變動。如有想換工作的朋友，記得要在銀行撥款完成後再離職，以免銀行發現是在對保後離職，可能有拒絕撥款的問題。

聯徵回查

這個環節就連接到之前提過「估價不超過3間」的大重點。因為銀行可能會再對保後撥款前，再一次聯徵回查，確認你有沒有申請完A銀行後，又跑去B銀行申請其他貸款。假設被查到有其他銀行的貸款業務紀錄，即使對保程序已完成，銀行還是有權力拒絕放貸給你喔！

貸款合約內容看仔細

貸款契約書包含 6 大項主要內容…

● 貸款總額
確認銀行提供借款金額，申貸過程中各種費用及拿到金額是否正確？

● 貸款利率
確認貸款利率的計算方式，浮動式、固定式、一段式、分段式。

● 還款年限及寬限期
注意合約上貸款年限多久，若有寬限期期間多久？

● 還款方式
確認每月還款金額及繳款方式，若想確認還款細節，也可請銀行端提供一份還款明細表。

● 違約金

有部分貸款會有綁約期間，有些是綁定期限內不可大額還款，有些是禁止轉貸或出售，若要提前還款或轉貸、轉售就需負擔違約金。每間銀行提供的違約金計算方式都不太一樣，簽約前可先問清楚。

● 磋商條款
任何協商條件，務必確認合約上寫明的磋商條款跟實際協商結果一致。

過程中如果對契約有任何疑問，也要提出討論，避免一知半解就簽約，同時在合約審閱期內盡量多確認。

買房對保注意事項

買房對保過程一結束，錢一到位，其他問題都不是什麼大困難。前面已經一連串的買房關卡，迎接新家的倒數第二關，就是傳說中的『對保』。很多人以為只是跟銀行對對資料，確認貸款細節輕輕鬆鬆就結束，但是！簡單歸簡單，阿明還是抓出『4大注意事項』給大家筆記起來，雙重保障才安心！

■ 貸款合約內容看仔細

在買房過程中，有九成的朋友一定會經歷『對保』。銀行端會提供貸款契約書，內容包含6大項主要內容...

■ 貸款金額　　■ 還款年限及寬限期　　■ 違約金

■ 貸款利率　　■ 還款方式　　　　　　■ 磋商條款

貸款金額

確認銀行提供的借款金額是多少，申貸過程中的各種費用。

例 對保手續費、設定費、開辦費或帳務管理費等支付方式確認，銀行撥款金額，跟貸款金額是不是正確。

阿明提醒大家，如果在金額部分有塗改，保險起見一定要蓋章或是請銀行專員重新寫一份。

貸款利率

確認貸款利率是年利率還是月利率？是浮動利率還是固定利率？浮動利率計算方式是以什麼為基準？浮動利率調整時間是月調、季調、半年調或是年調？同時也要注意合約上寫的利率，是否跟磋商結果一樣。

還款年限及寬限期

注意合約上的貸款年限是多久，20年？30年？還是40年？、有沒有寬限期？如果有寬限期，繳款金額是多少？寬限期內想提前償還本金會不會有違約金？等細節...可以在對保過程中，向銀行專員再次確認，條件都清楚後，在合約上也注意合約上是否一致。

還款方式

每月還款金額是多少？是匯款到指定帳戶扣款，
還是有其他繳款方式？本金及利息的比例分配？
關於每個月的還款方式及繳款期限
截止日務必要深深刻入腦海裡，
假如一不小心忘記繳貸款，
是會影響到後續申貸的信用及財務問題。

違約金

有部分貸款會有「限制清償期」，
意思在時間限制內不能提前還款，
必須按照合約的每月還款金額還貸，
假設要提前還本金，就會有違約金的部分需要負擔。
每間銀行提供的違約金計算方式都不太一樣，
在簽約前可以先詢問清楚，如果想提前償還貸款，
會不會另外要繳違約金？計算為何？

磋商條款

有任何協商的條件，
務必要確認合約上寫明的磋商條款
跟實際上協商的結果一致。
這邊提醒大家，銀行在交屋撥尾款前，
或是貸款的撥款同意書中，
可以註明『憑房屋驗收單撥款』，
可以避免遇到不負責任的建商，
在交屋過程中有發現的缺失不處理。

這過程中如果對契約有任何疑問，也要提出討論，
避免一知半解就簽約，細節有遺漏。
甚至是對保手續費也要特別留意，
同時在合約審閱期內，能多看幾遍就多確認。

■ 個資及權益

對保過程中每一個簽名的用途、項目與欄位，
務必確認再確認才下筆。在對保完成後也請記得要將正本證件收好，
提供的影印本上方也記得請銀行端註明「僅供辦理貸款使用」等字樣。
紙本合約也要記得蓋上『騎縫章』，防止被抽換掉包。
另外提醒大家，有部分的合約會有親屬狀況的欄位，
記得適當保留斟酌填寫。假設家人的 財務狀況比較不穩定可以選擇不寫，
因為很有可能寫了之後，銀行會對你的條件有些疑慮，影響貸款結果。

■ 工作及信用狀況

有些銀行會在對保完成後，再次確認貸款人的工作狀況是否有變動。
假如有想換工作的朋友，記得要在銀行撥款完成後再離職，
以免銀行發現是在對保後離職，可能會有拒絕核貸的問題。
而信用部分，銀行在聯徵調查時就會了解你的狀況，
後續的對保過程上就不用在提到信用不良的部分，以免信用被扣分。

■ 聯徵回查

這個環節就連接到之前提過「 估價不超過 3 間」的大重點。
因為銀行可能會再對保後撥款前，再一次聯徵回查，
確認你有沒有申請完 A 銀行後，又跑去 B 銀行申請其他貸款。
假設被查到有其他銀行的貸款業務紀錄，
銀行可能會覺得你是不是有急迫資金需求，
有超貸的風險把你重新歸類在高風險貸款者，
即使對保程序已完成，銀行還是有權力拒絕放貸給你喔！

最後再提醒大家，簽約之前一定要確認貸款合約的內容細項，
及各個數字是否正確。如果是在簽約完成後才發現有問題，
就沒辦法維護自己的權益了，畢竟不管是哪種貸款，
都是一筆不小金額，多花點時間確認、保障自己的權益。

》| 土地

購買土地流程工注意

事前作業一：土地鑑界　For賣方

地主在出售土地或委託仲介銷售前，
有義務將正常無瑕疵的土地位置給買方，
透過「土地鑑界」的方式，
確定出售土地的界址正確位置。

事前作業二：確認土地性質　For買方

關於買方端的事前作業，
無非就是再三確認「土地性質」。
就是土地爲何種使用分區？
可以如何被利用、能不能蓋房子？

STEP 1　支付訂金

選定好標的物後，可以向地主磋商協調彼此滿意的價格，
支付一筆款項作爲訂金，雙方約定時間簽訂《不動產買賣契約書》。
簽約前務必再三確認土地的產權是完整的。

Q：
- 是『誰』擁有所有權？
- 土地所有權人共有幾位？
- 有無被設定抵押權或被查封等...

STEP 2　簽訂買賣契約書

準備文件	賣方	☑ 身分證　☑ 印章　☑ 土地及建築改良物所有權狀正本
	買方	☑ 身分證　☑ 印章

這個階段就是買賣雙方要約定相關的付款方式及條件，

例　簽約支付頭期款、備證及用印階段第2次付款、完稅階段第3次付款等。

STEP3　備證及用印

準備文件	賣方	☑ 印鑑證明一份　☑ 房屋稅單及地價稅單等
	買方	☑ 身分證　☑ 印章

賣方準備好相關的登記申請書、土地現值申報書、
土地及建物改良買賣移轉契約書等資料，並在契約申報書蓋印鑑章。

STEP4　完稅

賣方結清土增稅、地價稅（分算）、房地合一稅及其他欠稅費款
買方則是需要繳交契稅（如果有建物）、代書費、印花稅、登記規費等，
有貸款作爲尾款部分者，並得連件辦理抵押權設定登記。

STEP5　土地點交及支付尾款

買賣標的現場查勘無誤後，進行尾款（貸款）繳付及土地點交手續。

除了上述基本交易內容，在買賣土地時也要注意土地的『套繪證明』及『產權內容』等細節。
事先確認土地現況的套繪情形，確認購買的土地並無建物套繪，假如有套繪情形，
雙方需合議責任歸屬，並加註合約書中（通常套繪會由地主負責解除）。

有購買土地的相關流程嗎？

想買賣土地卻不知道從何下手嗎？土地買賣看起來好像複雜，
其實只需要簡單『5個步驟』，就能輕鬆搞懂土地買賣！

但是，在我們正式進入買賣流程之前，
針對買賣雙方需要做的『事前作業』環節，
可說是影響後面程序非～常重要的前置作業，
各位不論是買方或是賣方，都要特別注意！

■ 事前作業：土地鑑界（For賣方）

賣方需要做的事前作業就是『土地鑑界』。
地主在出售土地或委託仲介銷售前，是有義務將正常無瑕疵的土地給買方
，可以透過「土地鑑界」的方式，確定出售土地的界址正確位置。另外像
是土地上的廢棄物，如果沒有能力或是不想處理，也要如實告訴仲介及買
方，讓他們事先知道有這類型的瑕疵，或多或少在價金上做些折讓，避免
後續的訴訟問題。

■ 事前作業：確認土地性質（For買方）

關於買方端的事前作業，無非就是再三確認『土地性質』。會想購買土地
就是看準它的增值空間，而土地的價值來自於其「性質」，也就是土地被
劃分為何種使用？可以如何被利用、能不能蓋房子？形狀是否完整？至於
是否能蓋房子，取決於土地有無連接建築線，或是鄰地蓋房子有無需要用
到這塊地等因素。

■ 土地買賣流程依序

支付訂金 → 簽訂不動產買賣契約書 → 備證及用印 → 完稅 → 交屋

可透過買賣雙方共同指定的地政士（代書）協助辦理相關手續及所有權移轉登記。

STEP 1 - 支付訂金

選定好標的物後，可以向地主磋商協調彼此滿意的價格，支付一筆款項作為訂金，雙方約定時間簽訂《不動產買賣契約書》。如果是透過仲介來處理，過程就會像買賣房屋一樣，仲介業者會向買方提供土地的不動產說明書說明標的物的各項細節，有誠意想購買會支付斡旋金讓仲介去協調，賣方接受出價且敲定簽約時間，斡旋金會變成價金的一部分。假如賣方不接受出價，斡旋金是有義務要無息退還給買方的。

在簽約前，務必再三確認土地的產權是完整的。
是『誰』擁有所有權？土地所有權人總共有幾位？
有沒有被設定抵押權或是被查封等，都是事先可
以確認的內容喔！

STEP 2 - 簽訂買賣契約書

雙方準備文件

賣方

 身分證　　 印章　　 土地及建築改良物所有權狀正本

買方

 身分證　　 印章

這個階段就是買賣雙方要約定相關的付款方式及條件

例 簽約支付頭期款、準備證件及用印階段第2次付款、完稅階段第3次付款等。

另外，像是交付土地的時間、雙方履約的權利義務、
違約內容及稅費負擔的方式等，都要在簽約時劃分清楚。
上述的內容確認無誤後，由買賣雙方（透過仲介則需雙方經紀人）加蓋印章。

通常雙方在簽訂買賣契約時，買方會準備價金的一部分（依照磋商內容）
作為頭期款付給賣方，其餘款項視有無貸款需求，階段性支付，
流程時間與繳交款項的比例是非常重要的，大家在簽約前
務必要溝通好付款方式與買賣條件再簽訂買賣合約喔！

STEP 3 – 備證及用印

雙方準備文件

賣方

 印鑑證明一份　　 房屋稅單及地價稅單等資料

買方

 身分證　　 印章

賣方準備好相關的登記申請書、土地現值申報書、
土地及建物改良買賣移轉契約書等資料，並在契約申報書蓋印鑑章。

STEP 4 – 完稅

賣方結清土增稅、地價稅(分算)、房地合一稅及其他欠稅費款，買方則是需要繳交契稅（如果有建物)、代書費、印花稅、登記規費等，有貸款作為尾款部分者，可以在送件時一起辦理抵押權設定登記。

STEP 5 – 土地點交及支付尾款

買賣標的現場查勘無誤後，進行尾款（貸款）繳付及土地點交手續。如果是買賣雙方都沒有貸款的情況下，買方支付尾款給賣方點收及簽收後，要將本票還給買方或解除擔保；賣方有貸款則是處理完畢再點交給買方。另外，如買方需要貸款，就需聯繫核貸銀行將款項撥入指定帳戶。

除了上述的基本交易內容，在買賣土地時也要注意土地的『套繪證明』及『產權內容』等細節。事先確認土地現況的套繪情形，確認購買的土地並無建物套繪，假如有套繪情形，雙方需合議責任歸屬，並加註合約書中（通常套繪會由地主負責解除）。

土地相對於房屋類型的交易，來的單純許多，
但在交易與簽約的過程，還是要掌握土地相關的資訊，
每個環節都要小心注意，才能避免自己的權益受侵害喔！

一圖秒懂 3

農地貨櫃屋
工注意！

農地上能不能放貨櫃屋？

❶ 農地上的建物屬於　無固定基礎臨時性與農業生產有關之設施

❷ 農業設施面積若在　４５平方公尺以下且屬一層樓之建築者

可以免申請建築執照
（須申請農業設施使用證明）

貨櫃、組合屋可申請資材室

農業資材室簡單的概念就是『農地儲藏室／雜物間』，
可以用來存放務農所需的肥料、農藥、種子、農具及農產品等。

例 農地面積１０００平方公尺以上，每１０００平方公尺可以申請
２０平方公尺(２％建坪)的資材室，最大面積上限在２００平方公尺內。

不怕被檢舉就怕你沒申請

農業用地上興建有固定基礎之農業設施，
要申請農業用地作農業設施容許使用，且有實際農業行為。
申請文件**一式三份**：

一 申請人身分證影本，法人就是法人登記證明文件影本。

二 經營計畫書。

三 最近一個月內土地登記謄本及地籍圖謄本。

四 設施配置圖，其比例尺不得小於五百分之一。
註 申請畜牧設施者，其比例尺不得小於一千二百分之一。

五 土地使用同意書。但土地為申請人單獨所有者，免附。

六 其他主管機關規定之文件，如：簡易水土保持申報書。

不申請會有罰則嗎？

違反管制使用土地，處新台幣**６萬元以上３０萬元以下罰鍰**，
並限期變更使用、停止使用或是拆除恢復原本狀態。
不改善者按次處罰，所有衍生的費用
是土地或地上物所有人／使用人／管理人負擔！

110

農地上能不能放貨櫃屋？農地貨櫃屋合法嗎？

隨著世界首富特斯拉執行長伊隆馬斯克（Ｅｌｏｎ　Ｍｕｓｋ）賣掉豪宅改住組合屋開始，越來越多年輕人思考，現在社會買不起房子，如果是在長輩留下的農地上放貨櫃屋，會不會也行得通？

近幾年裝潢後的貨櫃屋如雨後春筍班出現，但是你手中的土地，可不是想放什麼就放什麼，

貨櫃屋看似取得成本低，又可以解決居住問題，好像是利大於弊的選擇，甘係金欸？關於『農地上能不能放貨櫃屋？』或是『貨櫃屋合不合法？』今天就讓阿明說給各位明白！

1 農地上能不能放貨櫃屋？

以販售改裝貨櫃屋業者角度來說，
清一色都會告訴你「可以放貨櫃屋」的答案，
因為貨櫃屋沒有固定的基礎設施。

根據農發條例第 8 - 1 條提到 -

如農地上的建物屬於「無固定基礎的臨時性與農業生產有關之設施」
或「農業設施面積在４５平方公尺以下，且屬一層樓之建築者」可以
免申請建築執照，前提要是沒有建築法第４條所定義的建築物。

> **定義** 定著於土地上或地面下具有頂蓋、樑柱或牆壁，顯然『貨櫃屋』
> 是有包含上面的建築物定義，所以當你想在農地上放貨櫃屋，
> 最保險還是要經過政府規定的程序申請。

除非你的農地現場只放大約１０呎左右的小貨櫃，
且純粹當作放置農用器具資材等，
旁邊農地也有大面積農作物（實打實農用），
被檢舉承辦人員看你是真的農用也比較不會刁難。
從上方提到的內容可以得到一個結論，
就是『農地上是可以放置貨櫃』，只是我們怎麼放跟如何放而已。

2 貨櫃、組合屋可申請資材室

農業資材室簡單的概念就是『農地儲藏室/雜物間』，
可以用來存放務農所需的肥料、農藥、種子、農具及農產品等。

依照你的土地條件...

農地面積１０００平方公尺以上，
每１０００平方公尺可以申請２０平方公尺（２％建坪）的資材室，
最大面積上限在２００平方公尺內。

不受持有土地２年的限制跟遷戶籍，但是要準備你的「農業經營企劃書」
以及「對應的農作物現況」給政府。審核單位這時候就會調查，這塊農地
有沒有違規開發事項、實際場勘種植狀況及評估申請農業設施面積的合理
性，你的農作物跟堆放的肥料是否達到一定比例（怕有堆放太多的狀況）。

3 不怕被檢舉就怕你沒申請

農業用地上興建有固定基礎之農業設施，
都應該要『申請農業用地作農業設施容許使用』，且有實際農業行為。

申請使用，要準備下方的文件內容『一式三份』
向所在地的主管機關提出：

① 申請人的國民身分證影本，如果是以法人身份申請，
就會是法人登記證明文件影本。

② 經營計畫書。

③ 最近一個月內土地登記謄本及地籍圖謄本。但能申請網路電子謄本者，
免予檢附；屬都市土地者，應另檢附都市計畫土地使用分區證明。

④ 設施配置圖，其比例尺不得小於五百分之一。
但申請畜牧設施者，其比例尺不得小於一千二百分之一。

⑤ 土地使用同意書。但土地為申請人單獨所有者，免附。

⑥ 其他主管機關規定之文件，如：簡易水土保持申報書。

4 不申請會有罰則嗎？

根據《區域計劃法》第２１條提到 -

反管制使用土地，會被處**新台幣６萬元以上３０萬元以下罰鍰**，
並且會限期要你變更使用、停止使用或是拆除恢復原本狀態。

不改善者，是會被按次處罰，外加停止供水、供電、封閉、強制拆除
或採取其他恢復原狀的措施，所有衍生的費用是土地或地上物所有人
／使用人／管理人負擔

也就是說，一旦你被檢舉『違建』就會被罰錢，別人一直檢舉，你就一直被罰，
連續罰外加斷水斷電的那種。就算政府要強制拆除也不是不可能（拆遷費還要你
出），只是機率不高。

儘管土地是自己的，
不論你貨櫃屋是有計畫的放，
或是單純暫時放，
政府對於地上物的規定清楚列出給你看，
遵守於否還是全看你個人選擇，
如果是要長久使用甚至留給後代，
阿明建議大家，依照規定申請，才是比較好的方法喔！

水利地可以承租嗎?

1 水利地都可以租嗎?

必須是閒置或空閒的水利地才能開放承租使用。

2 水利地承租條件?

公開標租方以權利金競標,價高者得。租金以平方公尺計算,搭配市場行情決定租金高低。

3 符合下列五條件可直接出租

☑ 其他政府機關事業戶或是公用事業需要使用

☑ 企業或財團法人需要使用且水利會出資或捐贈超過總額一半以上

☑ 原承租水利地已到租約期限的6個月內,有繼續承租意願

☑ 承租流標的土地接受(沒能順利標脫)接受原先設定底價及條件也可承租

☑ 年租金沒有達新台幣10萬元

4 租賃期限

建築物出租 5年以下

建築基地 20年以下

其他土地 6-10年

5 土地使用限制

禁止污染土壤地下水的事業

不可當作私有土地之法定空地或道路

不可殯葬相關設施除非編定殯葬用地

禁止擺放爆竹及瓦斯等危險物品

不可從事砂石處理或堆置廠

6 租了地可以再蓋房子嗎?

依水利地使用修正辦法第21-2條,承租人可以自己名義為起造人並繳納權利金。在辦理建物登記時要會同水利署向登記機關辦理,由水利署核發二年以內的土地使用權同意書。相關稅金規費等,要由承租人負擔;等到租約到期時如果想要續租,就要再繳納權利金。

水利地可以承租嗎?

小文家附近有一塊水利地,想租下來當作自家停車使用,又聽到朋友說水利地是有開放民眾承租,打電話去水利署問相關的手續,但水利署卻說目前沒有在標租這塊水利地。

小文好奇難道說會因為地區不同而有差異嗎?

如果要承租水利地又有哪些條件限制呢?

■ 水利地承租條件

標租國家非公用不動產,要以公開標租的方式提出申請,以權利金競標,價高者得標。租金計算用「平方公尺」為計算單位,搭配市場行情決定租金高低。

但如果是有符合下列五項條件則可以直接出租:

  其他政府機關事業戶
或是公用事業需要使用

  水利會有出資或捐贈超過總額的一半以上的
企業或是財團法人基金會業務上有需要使用

  原承租水利地已到租約期限的6個月內
有繼續承租意願,則可繼續承租

  年租金沒有達到
新台幣10萬元

  如果是承租流標的土地(沒能順利脫標)
且接受原先設定的底價及條件也可以直接承租

■ 出租期限

出租期限依水利地類型不同分別為：

建築物
5年以下

建築基地
20年以下

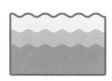
其他土地
6-10年

■ 土地使用限制

而政府針對國有土地的使用上也是有限制在：

禁止對土壤及地下水有污染的事業
註 土壤及地下水污染整治法第八條第一項、
第九條第一項中央主管機關公告的內容

不可當作私有土地建物的法定空地或是道路使用
註 但是如果你一開始承租土地
就已經是上述提到的狀況，就不算在內

不可有殯葬相關設施
註 除非原本土地分區使用已被編定是殯葬用地。

禁止擺放爆竹、瓦斯等危險物品

不可從事砂石相關處理或堆置廠

■ 租了地可以再蓋房子嗎？

依據新版的水利地使用修正辦法第２１－２條－

承租人可以自己名義為起造人，並繳納權利金，且在辦理建物所有權第一
次登記要會同水利署向登記機關辦理，由水利署核發二年以內的土地使用
權同意書。

相關的稅金、規費等，要由承租人負擔；等到租約到期時，如果想要續租，就要
再繳納權利金。

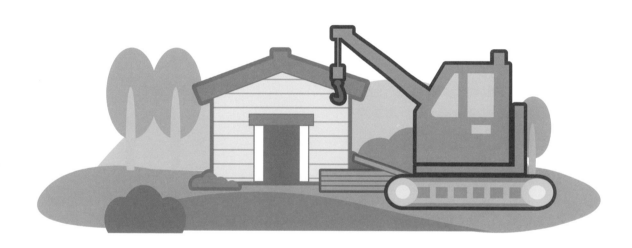

但這邊要提醒大家，如果是有新建建物的朋友，
在你標租的土地租約到期前或是終止租約的前６個月，
政府機關會到現場去確認地上物的狀況是否還有使用價值，
如果還有使用價值，會將所有權無償移轉國有；
相反的如果是無使用價值者，
身為承租人的你就要自行拆除地上物喔！

既有道路、既成道路 現有巷道的不同之處

現實生活中常有許多看起來意思相近、意義卻完全不同的詞語，造成了不少的誤會，在道路的分類中有三種詞語最容易被人搞混，分別是：

既有道路　　**既成道路**　　**現有巷道**

一、既有與既成

「既有道路」與「既成道路」是最常被混在一起使用的詞語，但其實只要深究詞語含義，便可知道他們的不同。

如果把這兩個詞互換絕對是完全不同的意思

既有	既成
本來就有的 指的是現存的事物 ★ 例如：既有的文化	已經完成的、已經成為的 指的是事情已經結束 ★ 例如：既成定局

既有道路 ▶ 現存的道路（包含法律規範、沒規範的道路）

既有道路並非專有名詞，只是表達意思的用語
意思就是「現在存在的道路」，也就是說只要是「道路」都可以稱為「既有道路」。

在談到既成道路的時候，你可以說那裡有一條既有道路，基本上沒有問題，只是並不專業、用詞不夠精確，但在談既有道路的時候，你不能說有一條既成道路，因為既有道路能同時代表很多種道路，不單只有既成道路一種。

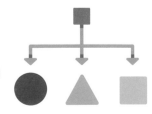

既成道路 ► 公用地役道路（大法官釋字400號定義）

既成道路為有「公用地役關係」的道路。

地主擁有道路的所有權，但使用權卻屬於公眾，供一般民眾通行。自家土地一旦被認定為既成道路，地主要拿回土地使用權，得先跟當地有關單位提出申請，若有挖路、建築、阻擋通行等行為，地方政府經民眾檢舉，可依道路交通管理處罰條例第82條、市區道路條例第33條開罰

01 供不特定民眾通行達「二十年」以上，從未中斷

02 聯接公路之必要道路，非為便利或省時而所使用的道路

03 在公眾通行之初，所有權人並未提出抗議

釐清既有道路和既成道路後，我們再來談談也很容易與「既成道路」搞混的「現有巷道」

現有巷道 ► 依建築法第48條規定，由各地方政府自行定義

現有巷道在法律當中並沒有專門的定義，只在建築法第48條第2項寫道「前項以外之現有巷道，直轄市、縣(市)(局)主管建築機關，認有必要時得另定建築線；其辦法於建築管理規則中定之。」

至於何謂現有巷道，我們參考了台北、台中、台南這三個在《建築管理自治條例》有清楚定義的縣市：

臺北市建築管理自治條例第二條第三項

01 現有巷道：指供公眾通行且因時效而形成公用地役關係之非都市計畫巷道。

臺中市建築管理自治條例第十九條
「本自治條例所稱現有巷道，包括下列情形：

01 供公眾通行，具有公用地役關係之巷道。關於供通行公用地役權之取得時效，原則上應依民法第七百六十九條規定以二十年為準，惟若符合同法第七百七十條規定之條件者，得以十年以上視為公用地役權之時效年限。

---

01 依其寬度、使用性質、使用期間、通行情形及公益上需要認定屬供公眾通行，具有公用地役關係之巷道。

02 非屬法定空地之私設通路經土地所有權人出具供公眾通行同意書。

03 非屬法定空地之私設通路經土地所有權人捐獻土地為道路使用，並依法完成土地移轉登記手續。

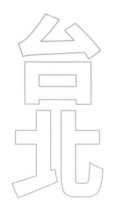
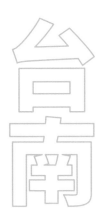

表格整理

既有道路 (現有道路，含蓋以下兩種道路)	
既成道路	現有巷道
具有公用地役關係	具有公用地役關係
為聯外必要道路	非為聯外必要道路
成立條件 大法官釋字第400號	**成立條件** 各地方政府認定

大法官釋字第400號解釋理由書指出：

「公用地役關係乃私有土地而具有公共用物性質之法律關係，與民法上地役權之概念有間，久為我國法制所承認（參照本院釋字第二五五號解釋、行政法院四十五年判字第八號及六十一年判字第四三五號判例）。

既成道路成立公用地役關係：

1 須為不特定之公眾通行所必要，而非僅為通行之便利或省時

2 於公眾通行之初，土地所有權人並無阻止之情事

3 須經歷之年代久遠而未曾中斷，所謂年代久遠雖不必限定其期間，但仍應以時日長久，一般人無復記憶其確實之起始，僅能知其梗概（例如始於日據時期、八七水災等）為必要。

至於依建築法規及民法等之規定，提供土地作為公眾通行之道路，與因時效而形成之既成道路不同，非本件解釋所指之公用地役關係，乃屬當然。」

≫| 税務

房地合一 10大Q&A懶人包！

Q1 房地合一稅率怎麼看？

不論個人或法人，都在扣除應計算成本依持有期間按差別稅率「分開計稅」

適用稅率 持有期間	個人	法人
2年內	稅率 45%	稅率 45%
2年~5年	稅率 35%	稅率 35%
5年~10年	稅率 20%	稅率 20% (持有5年以上)
10年以上	稅率 15%	

Q3 房地合一稅實施日期？

只要是民國105年1月1日以後取得之房地，均適用房地合一稅。

■ 但若是104年12月31日以前取得，就算是舊制的範圍，必須在隔年5月個人申報綜所稅時申報「財產交易所得稅」喔！

Q2 房地合一稅 vs. 財產交易所得稅（舊制）哪裡不一樣？

房地合一稅在持有二年以內轉賣會被課以45%重稅，而在持有超過兩年未滿五年的部份是課以35%。

「取得成本」包含…

● 買賣的成交價　　● 繼承或贈與的公告現值

● 部分修繕費　　　● 購買房屋的相關成本

例 ● 契稅　　● 代書費
　 ● 印花稅　● 規費
　 ● 公證費　● 仲介費…等

如無法提供證明單據，稽徵機關會依照「成交價」的3%來計算，並以30萬元為限。

Q4 什麼時候要報稅？

預售屋
交易日的隔天起算30日內。

成　屋
所有權移轉登記日的隔天起算30日內申報。

使用權房屋
房屋使用權交易日的隔天起算30日內申報。

股權交易
股份或出資額交易日的隔天起算30日內申報。

Q5 申報要準備哪些文件？

● 房地交易所得稅申報書

● 契約書影本

● 抵扣費用相關證明文件…等

Q6 房地合一可以重購退稅？

無論是「先賣後買」或是「先買後賣」，只要出售舊房地與重購新房地兩者移轉登記時間相差2年內，均可以申請適用重購退稅或抵稅優惠。

退稅4條件：

A 沒有供出租或營業使用或供執行業務

B 個人、配偶或未成年子女設有戶籍

C 出售舊屋與買新屋的時間差距在2年內

D 重購退稅房地在5年內須作自住使用且有戶籍登記、不能出租營業或戶籍遷出

Q7 預售屋如何課稅？

預售屋簽約日起2年內換約課徵45%，預售屋交屋之後，持有時間歸零重新計算，蓋的過程不計入持有時間。

Q8 預售屋費用計算？

國稅局會用『換約款項 X 3%或30萬元為上限』的認定方式當作費用計算。

例　購買1200萬預售屋，已付100萬，轉手換約獲利80萬試算，會是**180萬的3%＝5萬4千元**可以扣除。

Q9 房地合一稅減稅條件？

1

個人因調職及非自願離職
（更換工作地要出售房子）

2
依法強制執行
（被法拍）

3

持保護令避開
家暴相對人
（要躲恐怖情人而賣房）

4

繼承取得
不動產及相關房貸
卻無力償還

5

遭他人越界建屋
（隔壁撈過界偷你家地才賣房）

6

因重大疾病或意外
需支付醫藥費

7

繼承房屋後未經同意
遭其他共有人出售房地持份
（兄弟姊妹賣掉你持有的部分）

Q10 個人所得400萬以下免稅條件有哪些？

A 個人、配偶或未成年子女設有戶籍，且持有並居住該房屋連續滿6年

B 交易前6年，房屋沒有做出租、營業或執行業務使用

C 個人、配偶或未成年子女在房地交易前6年沒有使用過自住房地租稅優惠

符合上述三條件，在交易獲利金額400萬以下，即為免稅。
假使超過400萬，政府會針對超出部分課徵10%。

最後阿明提醒大家，不論是賺或是賠都要申報！
大家務必按照 Q4 提到的時間點**30天內**申報，
沒有在期限內申報，是會被**處3,000元以上、3萬元以下的罰鍰**，
假設國稅局算一算發現你其實要補繳稅，漏掉的稅額還會被
處3倍以下的罰鍰！記得，不論賺錢還是賠錢，都！要！申！報！

房地合一稅常見10大Ｑ＆Ａ懶人包

以往房地合一稅法通過之前，土地及建物是個別課稅的，也就是指土地交易賺的利潤，按照公告現值課徵土地增值稅；房屋交易的利潤部分，就按照實價課徵所得稅。現行的『房地合一稅』就是在整合這兩者，讓買賣交易過程中獲利的課稅方式可以一致。只要是有買賣不動產，不論房或是地，有賺錢就要乖乖上繳國庫，都要課稅！今天阿明整理出10大常見問題，濃縮再精華，重點筆記大全！

■ Q1：房地合一稅率怎麼看？

不論是以個人或是法人名義出售房屋，
同樣都會依照持有期間按差別稅率「分開計稅」。

		個人	法人
■ 持有房屋 2 年內轉手・・・・・・・・・・・		稅率 45%	稅率 45%
■ 持有房屋 2 年～5 年內轉手・・・・・・・		稅率 35%	稅率 35%
■ 持有房屋 5 年以上10以下轉手・・・・・・		稅率 20%	稅率 20%
■ 個人持有房屋超過10年 ・・・・・・		稅率 15%	(持有五年以上)

這種稅率調整，對短期持有的影響很大，但如果是買來長住5~10年再換屋的朋友，反而稅率變化幅度就沒那麼大。

■ Q2：房地合一稅 vs. 財產交易所得稅（舊制）哪裡不一樣？

財產交易所得稅計算方式是只有房屋課徵所得稅，
並納入綜合所得稅一併申報。

房地合一稅在持有二年以內轉賣會被課以45%重稅，而在持有超過兩年未滿五年的部份是課以35%，從這邊我們就可以看得出來，房地合一稅大方向是在加重投機型買方短期持有的交易稅率，政府希望能透過增加不動產短期持有交易稅率的方式，減少短期投資客炒作行為。

應納稅額如何計算？

應納稅額 ＝ 課稅所得 × 適用稅率

課稅所得 ＝ 房地交易時之成交價額 - 取得成本
- 相關費用 - 土地漲價總數額。

而上述提到的「取得成本」會包含：買賣的成交價、繼承或贈與的公告現值、部分修繕費及購買房屋的相關費用

■ Q3：房地合一稅實施日期？

只要是民國105年1月1日以後取得之房地，均適用房地合一稅。但如果是104年12月31日以前取得，就算是舊制的範圍，必須在隔年5月個人申報綜所稅時申報「財產交易所得稅」喔！

■ Q4：房地合一稅什麼時候要報？

由於修法後擴大課稅交易類型，
所以需要申報的時機點會有以下4個：

A 預售屋交易：預售屋及其座落基地交易日的隔天起算30日內申報。

B 一般成屋交易：房地完成所有權移轉登記日的隔天起算30日內申報。

C 使用權房屋交易：房屋使用權交易日的隔天起算30日內申報。

D 股權交易：符合視為房地交易的股份或出資額交易日的
隔天起算30日內申報。

■ Q5：申報要準備哪些文件？

房地交易所得稅申報書、契約書影本、抵扣費用相關
證明文件等，通常會由代書協助辦理相關手續，最後
再將款項結清。

■ Q6：房地合一稅2.0 也可以退稅？

根據所得稅法第14條之8規定，個人重購自住房地，無論是「先賣後買」或是「先買後賣」，只要出售舊房地與重購新房地兩者移轉登記時間相差2年內，且符合自住規定者，均可以申請適用重購退稅或抵稅優惠，就已（應）納稅款範圍內，按重購價額占出售額的比率計算應退還或扣抵之稅額。

■ 退稅4條件：

A	B
沒有供出租或營業使用	個人或其配偶、 未成年子女設有戶籍

C	D
出售舊屋與買新屋的 時間差距在2年內	重購退稅房地在5年內須 作自住使用且有戶籍登記、 不能出租或遷戶

■ Q7：預售屋躲得過房地合一稅2.0嗎？

在房地合一稅2.0中，也將預售屋納入規定範圍內。自預售屋簽約日起，2年內換約也是要課徵45%的房地合一稅，並且在正在蓋的預售屋時期一直到房子蓋好後的成屋階段，這段時間的持有期間是以『零』計算，也就是正在蓋的過程不計入持有時間內。

預售屋因爲有2~4年的工程期，在成屋前轉賣一樣會被扣35%的重稅。到成屋後重新計算持有期，會需要再滿5年才會適用20%稅率，也就是指從買預售屋到成屋後需要7~9年的時間再轉手，適用稅率會較低，對短期套利者不友善，較適合長期自住考量的朋友。

🏠 平均地權修正條例於２０２３年正式公告實施之後，預售屋將禁止換約移轉，除非「夫妻」、「直系親屬」、「二等親以內兄弟姐妹」或內政部公告特殊情形，報請地方政府後就不在此規範內。

■ Q8：真的有30萬的免稅額嗎？預售屋也可以免稅嗎？

計算課稅所得時，買賣過程中的仲介費、廣告費、印花稅、代書費、規費等林林總總相關的費用，在沒辦法提供證明文件的前提下，是可以按照成交價的3%計算。

但以預售屋依工程進度採階段性付款的方式，國稅局在30萬免稅額的認定上，則會用『換約款項Ｘ３％』的認定方式當作費用計算。

【舉例】 購買1200萬的預售屋，已付100萬，轉手換約獲利80萬試算，依照國稅局的認定方式，會是180萬的3% = 5萬4千元可以扣除。

※換約款項＝已付價金＋轉手換約獲利

■ Q9：房地合一稅2.0居然有減稅條件？

政府打房也怕誤傷百姓，另外開了一個免死金牌通道給7種持有未滿5年而非自願出售房屋的民眾，免除重稅。

1 個人因調職及非自願離職（更換工作地要出售房子）

2 遭他人越界建屋（隔壁撈過界偷你家地才賣房）

3 依法強制執行（被法拍）

4 因重大疾病或意外需支付醫藥費

5 持保護令避開家暴相對人（要躲恐怖情人而賣房）

6 繼承房屋後，未經同意糟其他共有人出售房地持份（兄弟姊妹賣掉你持有的部分）

7 繼承取得不動產及相關房貸，卻無力償還（繳不出房貸）

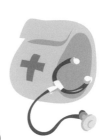

因為上述7種情形而出售房地，是可以適用稅率較低的20％喔！

■ Q10：個人所得400萬以下免稅條件有哪些？

A 個人、配偶或未成年子女設有戶籍，且持有並居住該房屋連續滿6年

B 交易前6年，房屋沒有做出租、營業或執行業務使用

C 個人、配偶或未成年子女在房地交易前6年沒有使用過自住房地租稅優惠

符合上述三條件，在交易獲利金額400萬以下，及為免稅。假釋超過400萬，政府會針對超出部分課徵10％。

最後阿明提醒大家，不論是賺或是賠都要申報！大家務必按照『Q4』提到的時間點30天內申報，沒有在期限內申報，是會被處3,000元以上、3萬元以下的罰鍰，假設國稅局算一算發現你其實要補繳稅，漏掉的稅額還會被處3倍以下的罰鍰！記得，不論賺錢還是賠錢，都！要！申！報！

 一 圖 秒 懂 3

公司登記自用宅 工注意

4 地價稅有何影響？

《土地稅》第16、17條，
地價稅依比例計算…

自用住宅用地	千分之二
一般用地（營業用）	千分之十

1 所有地址都可以登記公司？

A：不一定

要先查詢該地址是否可以登記，
會因營業項目不同而有相關限制。

5 會不會影響售屋稅金？

《土地稅》第34條，每人有一生一次
、一生一屋10％自用住宅用地稅率。
一生一次有出售1年內無營業或出租行
為限制，一生一屋則須5年。

2 房屋稅提高至3%

稅率因房屋使用情形及持有戶數
從1.2％到5％不等。

以營業用來說…

住家用稅率	上升到	營業用稅率
1.2％		3％

6 水電費是否有影響？

A 水費

營業用或是自用計費方式相同。

B 電費

營業用電費率

由 非營業用電 ＄ 2.1元/度起

↑增加為營業用電 ＄2.87元/度

或 ＄3.61元/度起

如果電費單是個人名字無法扣抵營業稅。

3 房屋稅可以減免嗎？

A 申請按住家用稅率課徵房屋稅

網拍業者（無店面零售業）交易行為在
網路平台完成，且登記地址無堆放貨品
或遠距工作者只需電腦，沒雇員工及實
體營業地點，可申請全數按住家用稅率。

B 申請部分營業用

《房屋稅》第5－1條第3項，房屋同
時有自住及營業，可申請依住家及營業
用的各自面積，用不同稅率課徵房屋稅，
營業用面積不得少於全部面積六分之一。

7 公司登記自宅或親友需要訂租約？

將房屋無償借給法人供營業使用，稽
徵機關會參考「當地租金」，計算租
賃收入向屋主課稅。除非是「獨資、
合夥」的「行號」，房屋為「負責人
本人、配偶或直系親屬」才適用無償
使用，其他都還是建議要雙方協議簽
訂一份最低租金的租約。

公司登記地址在自用住宅

電商蓬勃發展，想要設立公司又不知道該不該花錢租店面辦營業登記，但是登記在自己家或親友家又不知道會不會影響到稅率或是其他費用的增加呢？

到底自用住宅辦登記會不會有房屋稅、地價稅、水電費的影響？又或是讓房客辦公司營登，會不會要多繳很多錢？會不會有可以減免的方式？

今天就為大家整理公司登記自用住宅，要注意的地方！

■ 所有地址都可以登記公司嗎？

不論是想登記在自己家，或是承租地址，記得要先向政府單位查詢該地是否可以登記，會因為你營業的項目而有不同的限制。

而政府單位核准了公司登記，也不等於在後續營運上有符合消防安全、衛生、建築管理、都市計畫等相關法規，部分縣市針對土地分區使用有加強審查，建議登記前務必向所在地政府單位確認清楚。

■ 房屋稅提高至 3 ％

房屋稅應納稅額 ＝ 課稅現值 x 稅率

課稅現值會依照歷年來的房屋稅單，

而稅率則會因為你的房屋使用情形及持有戶數，從 1．2 ％到 5 ％不等。

以營業用來說，住家用稅率會從 1．2 ％上升到 3 ％的營業用稅率！

! 特別提醒，如果是有實際營業的店面，就一定要將公司登記在營業地址。因為政府單位的稅務員會做例行性訪查，假設發現有營業店面卻沒有做稅籍登記，公司是會被要求遷址或是補辦稅籍登記喔！

■ 房屋稅可以減免嗎？

A．申請全數按住家用稅率課徵房屋稅

如果你是屬於「網拍業者（無店面零售業）」交易行為在網路平台完成且公司登記地址沒有堆放貨品、或是「遠距工作者」只需電腦完成工作，沒有雇用員工及實體營業地點的公司，是可以申請全數按住家用稅率繳交房屋稅。但是要注意到詳細認定方式，可能會由政府單位現場勘查且不一定會通過，要申請的朋友可以事先向所在單位詢問。

B．申請部分營業用

就會有朋友遇到，一半當住家一半營業使用房屋稅還是 3％計算嗎？根據《房屋稅》第 5－1 條第 3 項有提到，如果房屋同時有自住及營業用，是可以向所在地的稅捐徵機關申請依住家及營業用的各自面積，用不同稅率來課徵房屋稅，前提是供營業用的課稅面積最低不得少於房屋全部面積六分之一。

申請時間會依照在市政府設立登記完成且國稅局營業登記完成後，
只會有「六分之一」的面積調整成營業用稅率 3％。

■ 會不會影響到未來售屋的稅金？

在出售自用住宅用地時...

根據《土地稅》第 3 4 條 -

每人會有「一生一次」、「一生一屋」的 1 0％自用住宅用地稅率，
兩者共同點都是不能作營業使用或出租，

假如有規劃在一年內將房子售出，建議不要登記在自己住家。
一生一次有出售 1 年內無營業或出租行為限制，
一生一屋則須 5 年，若不符合，就會需要回歸按土地漲價總數額
適用 2 0％ - 4 0％土地增值稅稅率。

出售

這點是最重要但最容易被忽略的環節，
因此有出售房地規劃的話，要特別注意。

■ 地價稅有何影響？

根據《土地稅》第１６、１７條地價稅依房屋課徵情形依比例計算。

所佔土地面積分別課徵：

自用住宅用地　：　千分之二

一般用地稅率　：　千分之十

（供營業使用）

房屋所適用的營業用土地最小面積比例，會跟著房屋的１／６面積來計算。

> **例** 假如把公司登記在自己家，至少會有１／６的地價稅，用１０％計算，其餘５／６，則維持２％的自用住宅用地稅率。

■ 水電費是否有影響？

A 水費

基本上營業用戶或是自住用戶的計費方式相同，差別在於水公司會將營業用戶水費內含的「營業稅」在帳單中另外明示，其他一般用戶則全數列為水費。

B 電費

將自住用房屋改成營業用，原則上用電會改成「營業用電費費率」，

由　非營業用電＄２．１　元／度起，

增加為營業用電＄２．８７元／度或＄３．６１元／度起。

但台灣電力公司對是否為營業用的認定方式，是以實際營業行為為準，並不是以營業登記為準。也就是說辦理公司營業登記後，電費不一定會有調整；相反的如果有營業行為但沒有辦理營業登記，台電仍然有可能調整電費。

至於從「屋主個人」改成「公司名稱」於否，則是會影響公司是否能扣抵營業稅進項稅額，因為維持「屋主個人名字」是沒辦法扣抵營業稅。

■ 公司登記在「自宅」或是「親友家」需要訂租約嗎？

根據《所得稅法》第１４條第１項第５類第４款規定－

公司負責人、股東、或股東之親戚，將所有房屋無償借給法人供營業使用，稽徵機關會參考「當地一般租金情況」，計算租賃收入向屋主課稅。

也就是說無論公司是否登記在「自宅」或是「親友家」，都不算是法律規定可以無償使用的範圍，除非是「獨資、合夥」的「行號」，且房屋為「負責人本人、配偶、或直系親屬」所有才適用無償使用範圍，其他都還是建議要雙方協議簽訂一份最低租金的租約。

房貸利息可以

① 個人綜合所得稅

每年報稅時，「個人綜合所得稅」可以選擇使用政府規定的「標準扣除額」扣除額之後的所得才需繳稅。

單身
12.4萬元

有配偶者
24.8萬元

X人壽保險費

不含全民健保保費

保險費
每人2.4萬元

捐款
最高不超過所得總額20%

2023年起適用~如金額合計超過「標準扣除額」會使用「列舉扣除額」來降低

房貸利息來扣抵個人綜合所得稅符合條件有

★ 房屋必須是自己、配偶或受撫養親屬所有

符合條件者

 夫妻✓
 兒女✓
 父母✓
 小三✗

★ 房屋於去年整年無出租或營業：

去年度

出租、營業✗ 自住✓

★以當年實利息支出，特別扣除額，上限為3

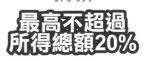
去年度支購屋貸款利
50萬元

★ 本人、配偶或直系親屬的戶籍有設籍在該房子裡面

去年的戶籍✓

今年遷入✗

★ 每一申報戶以一屋為限

一戶 二戶✗

名下3棟房屋，只能選擇1戶申報

申報購屋借款利
50萬 —
40萬 >申報額
<30萬 以

扣抵哪些稅？

扣掉免稅額、

房貸利息

每戶30萬元

所得稅負擔。

際支付的該項
減去儲蓄投資
後的餘額申報
萬元。

銀行利息收入
10萬元

0萬 = 40萬
0萬上限30萬元申報
際的金額申報

② 租賃所得稅

如果房子有出租，依法房東應該申報租賃所得。計算方式有兩種：一種是不須任何證明文件，一律以當年度房屋租金收入的 43%列為「必要費用」（因為政府考量大家出租房子，會有折舊、維修等，但土地出租的收入，只能扣除當年度已繳的地價稅，不得扣除 43%的必要費用）不過，如果如果實際發生的費用高於當年度房屋租金收入的 43%，就可以用列舉的喔！包含：房屋折舊、修膳費、地價稅、房屋稅、火險費、地震險、和該房子的貸款利息，通通可以列舉而從租金中扣除，而且因為是出租的房子，所以戶籍不需設籍在裡面，所以只要以當年度實際已繳納的房貸利息來計算即可。

收入 支出

銀行 修膳費 地價稅 火險費 房屋稅 地震險

房貸利息
18萬 **2萬**
18萬+2萬= 20萬

租金 **36 萬**

比租金收入的 43%高
（36萬 x 43% = 15.48萬）

租賃的課稅所得
36萬 - 20萬=16萬

如個人綜合所得稅中邊際稅率是12%
16萬 x 12% = 1.92萬 **為應繳稅額**

在家網路報稅6招

已註冊健保卡
(含醫事人員憑證)

· 健保署網站/各分署業務組臨櫃註冊

讀卡機+密碼
▼
電腦報稅

自然人憑證

· 至就近戶政事務所辦理

讀卡機+密碼 ▶ **電腦報稅**

我想辦理！

行動電話認證

· 本人申辦之月租型門號

電信業者+手機門號 +身分證字號+健保卡號
▼
電腦報稅 or 手機報稅

電子憑證

· 至金融機構辦理經財政部核准之憑證

密碼 ▶ **電腦報稅**

戶號+查詢碼

· 稅額試算通知書首頁有附查詢碼

持自然人憑證或已註冊健保卡至超商多媒體資訊機列印取得

戶號+查詢碼
▼
電腦報稅 or 手機報稅

行動自然人認證
(行動身分識別)

· 以自然人憑證上行動自然人憑證網站註冊

· 手機下載行動自然人憑證app綁定裝置

手部指紋/臉部辨識
▼
電腦報稅 or 手機報稅

136

按時繳稅最心安

汽車牌照稅	房屋稅 申報個人 綜合所得稅	汽機車 燃料稅	地價稅

4月　　5月　　7月　　11月

除了以上有車、有房、有土地、有賺錢要繳稅外...

每年贈與財產總額
超過NT$244萬元
要繳贈與稅

父母過世有
留遺產子女
要繳遺產稅

爸爸...

賣股票要繳
證券交易稅

買賣房子要繳
土地增值稅和
契稅(含印花稅)

恭喜
成交

中$1000
發票中獎超過
NT$1000(含)
要繳印花稅

中$10,000
超過萬元
(三獎含以上)
需扣20%所得稅

雲端發票存在載具中不需扣印花稅

租金過2萬要繳很多稅!?

● 租金超過2萬請記得!

承租店面或其他類型房屋營業使用租金超過2萬元

就要申報 租金扣繳稅款 ── 二代健保補充保費

符合3個條件 ➤ **A** 房東是個人 ☑ **B** 房客是營業使用 ☑ **C** 租金超過2萬元 ☑

PS.假如房東是外國人,不是全民健保保戶,就不需要繳二代健保補充保費。

● 「租金扣繳」及「補充保費」怎麼計算?

A 租金扣繳稅款:10% **B** 二代健保補充保費:2.11%

● 租金未稅或含稅會差很多嗎?

假設租金每月2萬5千元,下面分為未稅及含稅試算參考!

租金未稅
(房東要實拿)

租金25,000÷0.8789= **房客實際租金 28,444元**

每月租金	:25,000元
扣繳稅款為	:2,844元 (10%)
補充保費為	:600元 (2.11%)

與租約上未稅金額相符。

房客實際租金 28,444 元

租金含稅
(先扣稅再給房東)

租金25000－(租金扣繳稅款 + 二代健保補充保費)

每月租金	:25,000元
扣繳稅款為	:2,500元 (10%)
補充保費為	:527.5元 (2.11%)

上述三者相減,四捨五入...

房東實拿金額 21,922 元

常見問題

Q1 如果房東是企業?

答:**不用**繳交**租金扣繳稅款** 及**二代健保補充保費**。

Q2 不是營業用,租金超過2萬課稅方式?

答:房客用租金支出列舉扣除額, 最高享有12萬元扣除額; 房東依扣除必要費用後用租賃所得申報。

Q3 稅金由誰繳交?

答:由**房客**負責繳交**租金扣繳稅款** 及**二代健保補充保費**。

Q4 不繳房東會有罰則嗎?

答:處罰對象是**承租人**。 房客最高被罰應扣繳金額的三倍高罰鍰!

租賃店面租金申報 I 注意

各位老闆看這邊！租金超過2萬注意兩費用！

報稅季即將開跑，光是個人就有五花八門的稅要申報，**公司**要稅的名目也是一籮筐。企業在承租店面時，假如租金2萬這門檻超過一定金額，有兩種費用千萬不能忘記。各位老闆請不用擔心，今天讓阿明來為您們解釋解釋，到底要繳哪兩種費用？條件又有什麼限制？租金未稅含稅差很多嗎？

■ 租金超過2萬請記得！

不論你是承租地面或是其他類型的房屋，當作營業使用，每月繳交的租金超過『2萬元』『2萬元』『2萬元』（很重要說三次），就要申報「租金扣繳稅款」及「二代健保補充保費」。

也就是說只要符合以下3個條件：

A 房東是個人 ☑

B 房客是營業使用 ☑

C 租金超過2萬元 ☑

! 特別注意

假如房東是**外國人**，不是全民健保保戶，就不需要繳二代健保補充保費。

■ 「租金扣繳稅款」及「二代健保補充保費」怎麼計算？

A 辦理租金扣繳稅款

根據《各類所得扣繳率標準》第二條第一項規定，只要納稅義務人是中華民國境內居住之個人，或在中華民國境內有固定營業場所的營利事業，按規定扣繳租金10%作為扣繳稅款。

B 二代健保補充保費

依照全民健康保險扣取及繳納補充保險費辦法規定，自2021年起假如有股利、獎金、利息所得、租金收入、薪資所得、執行業務收入等六項收入，單次付款超過2萬元，同樣也需要扣取2.11%的費用作為二代健保補充保費。

■ 「租金扣繳稅款」及「二代健保補充保費」怎麼計算？

我們假設小美租店面每月要繳2萬5千元為租金，下面分為**「未稅」**及**「含稅」**兩種情況來試算給各位參考！

▶ 租金未稅 `房東要實拿`

首先要計算出月租金的實際價格
要先用房東實拿的 25,000 ÷ 0.8789 = **每月實際是28,444元**

- ■ 扣繳稅款 ： 2,844 元
- ■ 補充保費 ： 600 元

也就是，房客實際是從月租金28,444元，先扣除2,844元的扣繳稅款及600元的補充保費，再給房東2萬5千元。

> 網友建議：租賃合約金額直接寫28444元，實給房東25000元，
> 幫房東給政府600元+2844元。

▶ 租金含稅 `先扣稅再給房東`

同樣是每月租金2萬5千元，要先扣除租金扣繳稅款加上二代健保補充保費，才是實際給房東的租金。

- ■ 每月租金 ： 25,000 元
- ■ 扣繳稅款 ： 2,500 元
- ■ 補充保費 ： 527.5 元

上述三者相減，最後房東實拿的金額會是**21,922元**

⚠ 注意！ ────────────

上述**10%**為扣繳率； **2.11%**為補充保費費率，計算均四捨五入至整數位。
另外，如果你的租金不多不少『剛剛好是2萬元整』。
就只需要繳二代健保補充保費，不用另外再繳10%的租金扣繳稅款，
超過2萬才要另外繳交「10%租金扣繳稅款」。

■ 常見問題 Q & A

Q1 如果房東是企業？

A: 房東是「公司」不是自然人，
就**不用**繳交「10%租金扣繳稅款」及「2.11%二代健保補充保費」。

Q2 如果不是營業用，租金超過2萬課稅方式？

A: 如果不是營業用途，就會按照基本報稅流程，房客利用租金支出列舉扣除額，最高享有12萬元扣除額；房東會依照《所得稅法》第14條規定，扣除必要費用後的租賃所得申報。

Q3 稅金由誰繳交？

A: 依照《所得稅法》第88條、第89條及《健保法》第2條，
由「**房客**」負責繳交「租金扣繳稅款」及「二代健保補充保費」。

Q4 不繳房東會有罰則嗎？

A: 假如沒有按時繳交「租金扣繳稅款」及「二代健保補充保費」，被處罰的對象是「**承租人**」。沒有扣繳「租金扣繳稅額」房客最高是會被罰應扣繳金額的三倍高罰鍰；而健保補充保費同樣也是3倍罰鍰喔！

最後阿明提醒大家，在2021年三讀通過的稅捐稽徵法的修正草案，如果被發現有逃漏稅的狀況，裁罰上限已經從原本的6萬元拉高至1千萬元（好恐怖！），嚴重逃漏稅到千萬元的重大案件，更是**調高至1億元！1億元！**，各位還是做個好國民，不少報確實繳稅喔！

■ 參考法規

▌各類所得扣繳率標準 §2-1

▌所得稅法 §14 §114

▌健保法 §8 §85

其他

法拍屋標售流程SOP

一次看懂！

1 哪裡可以取得法拍資訊？

◇ 司法院法拍屋公告網

◇ 各地方法院拍賣公佈欄

◇ 法務部行政執行署拍賣公告網

◇ 專營法拍的仲介網站、報紙

2 法拍屋如何投標？

 寫投標書 ▶  繳保證金

 開標 ◀  投標

3 法拍屋只會拍一次嗎？

法拍屋總共分『四次拍賣與一次應買。』

第一拍	第二拍	第三拍	應買公告	第四拍
流標 底價打8折 進第二拍	**流標** 底價打8折 進第三拍	**流標** 底價打8折 進入 「應買」階段	公告3個月內，投標人可依照「投標順序」購買。 流標則進入第四拍 這時候比速度，誰先投標誰先得標！	**特別拍賣** 若再流標，法院撤回執行，並核發債權憑證。 債權人可憑證隨時再聲請拍賣。

4 法拍屋得標後要做哪些準備？

 交付尾款

 辦理過戶

 點交

5 法拍屋限制有哪些？

⚠ 法拍屋是不能事先看屋，只能自行實際走訪或是透過查封比略知一二。

⚠ 保證金需備足底標價的20～30%款項。

⚠ 貸款要找特定金融機構配合，在得標後7日內要結清尾款。

法拍屋標售流程SOP

要便宜買好屋的朋友，除了會挑選中古屋這類型的物件外，『法拍屋』也是一個吸引人的選擇。因為可以用比市價行情低的價格入手，但是！在你想買法拍屋之前，基本流程要先搞懂來，關於法拍屋標售流程，從事前準備到最後的得標程序分成以下五大點來一一解說。

1 哪裡可以取得法拍資訊？

法拍屋的拍賣資訊可以從四個地方查詢

司法院法拍屋公告網

進入官網後點「資料查詢」

▼

「法拍公告查詢」即可查詢各地方法院之拍賣資料

各地方法院
拍賣公佈欄

法務部行政執行署
拍賣公告網

專營法拍的仲介
網站、報紙

2 法拍屋如何投標？

■ 寫投標書

投標人自行向法院領取投標單與保證金信封（共10元），填寫要投標的不動產，以及你的投標價格。如果你不只一個投標案件，則依合計總價載明。

▼

■ 繳保證金

保證金是可以繳現金，繳完後會拿到收據或用銀行「本行支票」。一般法拍屋保證金為底價的2成，會依照各地方法院調整，特別要注意支票抬頭有沒有寫完整、金額有沒有寫錯。

▼

■ 投標

帶著準備好的投標單、保證金以及身分證和印章，拍賣時間的前30分鐘會開放投標。

▼

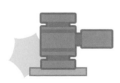

■ 開標

會先由司法事務官審核投標是否有效，必找出最高出價的投標書，核對完身份後，會開始辦理得標手續，沒得標則需當場領回保證金支票。

得標者要在7天內繳清剩餘款項，並取得不動產權力移轉證明書，就可以接著辦理過戶手續。

3 法拍屋只會拍一次嗎？

法拍屋總共分『四次拍賣與一次應買。』

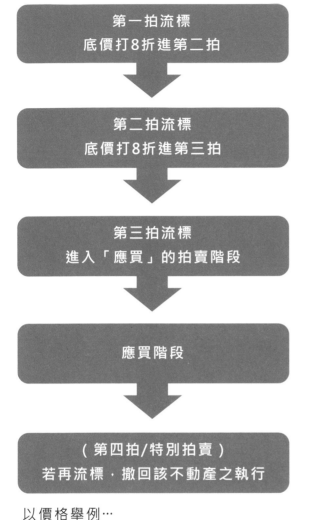

■ 應買階段

應買公告 3 個月內，
投標人可依照「投標順序」購買。
其中「應買」階段會在 3 拍流標後
4 拍開拍前，拍賣的價格會維持 3
拍的底價，這時候就是從原先的「
比價高」到「比速度」的競標，也
就是說你的投標金額大但是速度比
較慢，也是不會標到的喔！

■ 第四拍/特別拍賣

如果到應買階段還是流標，就會
進入最後一次拍賣（第四拍/特別
拍賣）特別拍賣不一定會打八折，
如果第四次拍賣也流標，法院會撤
回該不動產之執行，並核發債權憑
證，債權人可憑證隨時再聲請拍賣。

以價格舉例…

一拍	二拍	三拍	應買	四拍
800萬	640萬	512萬	512萬	409.6萬

---

4 法拍屋限制有哪些？

⚠ 1 · 法拍屋是不能事先看屋，只能自行實際走訪或是透過查封比略知一二。

⚠ 2 · 保證金需備足底標價的 2０～３０％款項。

⚠ 3 · 貸款會比一般房屋困難，並且在得標後 7 日內要結清尾款。

5 法拍屋得標後要做哪些準備？

■ 1 · 交付尾款

得標者要在 7 天內將剩餘款項繳清（無法延長繳款期限），無法無期補足尾款，房子是會再被拿出來拍賣，並且得標者的保證金會一併被沒收，外加第二次拍賣價差及相關的費用喔！

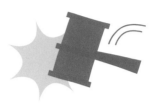

假如第二次拍的價格比第一次高，法院扣除相關費用，會再返還價金；反之，就需要補足差額，才返還，流標保證金則是不會返還。如果是需要跟銀行申請代墊尾款，記得要再投標前兩週就先問清楚，讓銀行審核評估在投標會比較保險。

■ 2 · 辦理過戶

結清尾款後法院就會核發權利移轉證書，這時候就可以帶著證書，到地政機關辦理過戶登記。

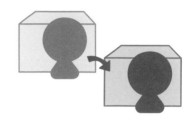

■ 3 · 交屋：點交/不點交

交屋階段又可以分成「點交」與「不點交」兩種法拍屋。可以點交的法拍屋，會在你得標後，由法院負責將房屋的使用權交給得標者，假如遇到原屋主不搬離或是其他理由拒絕，就可以用公權力處理。

不點交的法拍屋則是由得標者「自行」與前屋主協調，會比較建議投標新手避開「不點交的法拍屋」，因為在交屋程序會相對複雜些。

另外有一部分是「帶有租約的法拍屋」更需要注意，因為房屋內會有合法的租客或是非法佔用的租霸，根據買賣不破租賃原則，合法租客是要讓他住到租約期滿，但如果是租霸類型的不定期租約，有可能要透過訴訟程序才能解決。

委託房仲賣屋 你要注意這些事!

不動產委託銷售契約書分為二種

一般契約

可簽很多家，
誰先賣服務費支付誰。
(屋主自己也可以賣)

專任契約

在合約期限內
只有一家可以賣。
(屋主自己也不能賣)

委託房仲賣房應注意事項

簽約前要想好···

房屋銷售總價

銷售價款支付方式

委託銷售期間

其他事項

例 規定房仲什麼時候
可以帶看屋、要留
下哪些房屋家俱給
新住戶、詢問房仲
會用什麼方式銷售
房屋等等。

簽約時要詳閱

1 契約審閱期
2 不動產說明書
3 違約罰則
4 仲介費收取方式
5 其他注意事項

簽約後要追蹤

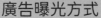

廣告曝光方式

客戶意見回饋

銷售帶看狀況

委託房仲賣屋 要注意的事！

當我們要委託仲介賣房時，一定會擔心以下的事情：仲介喬不攏、交屋後發現房屋有瑕疵、房仲有沒有積極推銷我的房子、有沒有盡心調解與買家的糾紛等等，這一大堆與仲介的糾紛過程，大家或多或少都有在報章雜誌媒體看過或聽過吧！遇到這種情況的時候，一般人不外乎去找仲介吵，吵得太兇的話還會鬧上法院，到最後才發現原來因為當初簽**不動產委託銷售契約書**的時候，很多細節沒有講清楚，才造成了如今的糾紛。到底要如何與房仲簽訂委託契約才能讓糾紛降到最低呢？如何檢視不動產委託書，有什麼技巧嗎？

■ 不動產委託銷售契約書是什麼呢？

不動產委託銷售契約書分為二種...

一般契約

銷售的房子可再委託給別人或自己賣，誰賣出去就給誰仲介費

專任契約

銷售的房子只能給該房仲賣，不能再給別人賣也不能自賣。

若想儘快將房子賣出去，可採一般契約與多家房仲簽約，增加曝光度；若覺得不想跟太多房仲接觸或覺得自己的房子比較難賣，可找一家比較信任的房仲簽專任契約，這樣業務會比較認真幫你研究如何推銷房子、解決房屋問題等。

不管是一般契約還是專任契約該注意的基本事項，其實都差不多，要先想好該注意的事項，再來考慮要簽什麼約，才不會本末倒置，以下是阿明整理出來簽 " 不動產委託銷售契約書 " 之前，應該先想好的事情：

■ 房屋銷售總價（不含仲介費）：
在簽約時告訴房仲要實拿多少，這樣房仲就會另外把仲介費加在總價上。

■ 銷售價款支付方式（履約保證）：
一般大型的仲介公司都會要客戶與買方簽「履約保證契約」。
但若找的是小型仲介公司，在委託銷售時一定要問有沒有配合的建經公司可以辦履保專戶或是直接找自己信任的建經公司來辦。
辦履保專戶可以確保雙方能一手交錢、一手交貨，降低交易風險。

委託銷售　委託銷售契約通常是一個月以上，若有特殊需求也可提前跟房仲說。

其他事項　比如說規定房仲什麼時候可以帶看屋、要留下哪些房屋家俱給新住戶、詢問房仲會用什麼方式銷售房屋等等。

說完 ˮ簽約前ˮ 的注意事項，我們來說說 ˮ簽約時ˮ 的注意事項！

1 契約審閱期 — — — — — — — — — — — — — — — — —

房仲所提供給消費者的契約，都會有至少三天的審閱期。
這是由內政部發佈的《不動產委託銷售定型化契約應記載及不得記載事項》直接規定的，民眾可不要浪費這個權利，要把契約帶回家好好審閱，如果擔心看不懂，也可以找專業的地政士幫忙檢視喔！

2 不動產說明書 — — — — — — — — — — — — — — — — —

賣方這邊需提供 ˮ不動產說明書ˮ 給仲介，這樣仲介才知道如何介紹你的房子。仲介會給予一張制式表格，內容就是填寫已知的屋況瑕疵、及房屋相關資訊，若房屋比較老舊，有些仲介甚至會請專業人員 **例** 兇宅、海砂屋、輻射屋、漏水對房屋進行檢測，確認屋況沒有問題。

註 ˮ不動產說明書ˮ 建議最好確實填寫，若是被買方發現和事實不符的話，不僅可能會讓交易被迫取消，賣方也必須賠償房仲所受損失。

3 違約罰則 — — — — — — — — — — — — — — — — — — —

《民法》第５４９條第１項規定，當事人任一方，可隨時解除委任契約，但同條第２項，也說明在不利於他方之時期終止契約者，除了不可歸責當事人之事由之外，必須負損害賠償責任。也就是說若當事人任一方隨意解約的話，必須負損害賠償責任，而要賠償到什麼程度、達到什麼條件才會要求賠償，在契約裡一定會有說明，這方面務必要請仲介詳細解說，因為許多糾紛都是由違約條款不公平而引起的。另外也常發生買方在支付定金後卻毀約的事情，照理來說買方的定金不能收回，要全數給賣方當作賠償。而賣方收到定金後，雖然合約沒有完成，但依照法律規定應支付約定之服務報酬或不超過定金百分之五十的金額予仲介，做為這次委託銷售的費用。

4 仲介費收取方式 — — — — — — — — — — — — — — — —

收取買賣雙方的仲介費最高不能超過總成交金額的６％，一般都是買方收１～２％，而賣方收４～５％，但這並非一定的收費比率，賣方還能再和仲介談談看。這邊要注意的是，仲介為了銷售房子所做的市場調查、廣告企劃、買賣交涉、諮商服務、出差所花的費用都是包含在合約談好的仲介費裡的，仲介不能再和賣方另外收取費用，除非是賣方單方面解約，才需要賠償仲介所受的損失。

5 其他注意事項

最後補充一些注意事項，根據《不動產委託銷售定型化契約應記載及不得記載事項》上的記載，受消費者委託之房仲有些必須遵守的義務，這邊列出上述沒提到的部分提醒大家：

1 受託人受託處理仲介事務應以「善良管理人」之注意為之。

2 受託人於簽約前，應據實提供該公司（或商號）近三個月之成交行情，供委託人訂定售價之參考；如有隱匿不實，應負賠償責任。

3 如買方簽立「要約書」，受託人應於二十四小時內將該要約書轉交委託人，不得隱瞞或扣留。但如因委託人之事由致無法送達者，不在此限。

4 受託人應隨時依委託人之查詢，向委託人報告銷售狀況。

5 契約成立後，除委託人同意授權受託人代為收受買方支付之定金外。否則視為不同意授權。

6 受託人應於收受定金後廿四小時內送交委託人。但如因委託人之事由致無法送達者，不在此限。

7 有前款但書情形者，受託人應於二日內寄出書面通知表明收受定金及無法送交之事實通知委託人。

8 受託人於仲介買賣成交時，為維護交易安全，得協助辦理有關過戶及貸款手續。

9 受託人應委託人之請求，有提供相關廣告文案資料予委託人參考之義務。

以上條款是法律規定事項，若發生相關糾紛，
而與房仲簽訂的契約裡卻沒有規定到時，可參考以上條款。

善良管理人	有某方面相當知識及經驗的人，對所經手的事務負有更多的注意義務，若沒盡到注意義務有可能依《民法》第184條負損害賠償責任。 例 房仲刻意隱瞞凶宅資訊，將房子賣給他人。 買方即可控告房仲未盡善良管理人義務，依《民法》第184條提告。
要約書	買方若是看上了賣方的房子但不滿意價格時，就可以請房仲與賣方議價。房仲會提供**要約書**給買方簽約，主要內容包括出價金額、出價期間、斡旋金額。

「嫌惡設施」的種類?

 「安全方面」的嫌惡設施

-機場-

-加油站-

-瓦斯行-

-高壓電塔-

-工廠-

-電塔-

-工業區-

-變電所-

-電箱-

-電桶-

 只要物件方圓300公尺有這些設施,依不動產說明書規範售屋業者必須告知買方!

「影響居住品質」的嫌惡設施

⚠ 宮廟神壇　　⚠ 殯儀館
⚠ 墓地　　　　⚠ 靈骨塔

⚠ 捷運　　　　⚠ 高架道路
⚠ 高鐵軌道　　⚠ 停車塔

⚠ 垃圾場　　　⚠ 回收場
⚠ 焚化爐　　　⚠ 傳統市場

⚠ 特種行業
⚠ 大型醫療院所

嫌惡設施對房價的影響?

以新建案來說,周遭鄰近300公尺內的區域有特殊嫌惡設施,通常房價會有3〜5%左右的落差,中古屋甚至會有5〜10%差異。PS物件如果靠特殊嫌惡設施太近,很可能會影響房貸額度。

房價↓↓

如何知道嫌惡設施有沒有在附近?

1 透過地圖查詢,可以看到物件周遭有沒有自己不喜歡的相關設施。

2 在臉書搜尋所在地社團發問,讓住附近的網友分享自身資訊,

3 直接實地走訪物件,跟鄰里長、附近住戶、社區管理員...多方詢問讓資訊更完整。

住宅嫌惡設施是什麼？

好鄰居不僅僅是指人，房子周邊的設施也算在內。
在計算完上班通勤的完美距離後，請開始搜尋想購買的物件
周圍有沒有傳說中的『 嫌惡設施』。
千金買厝，萬金買鄰，嫌惡設施這點也千萬不能出錯！

■ 嫌惡設施是什麼？

嫌惡設施的認定會依照每個人的接受度不同，而有不一樣的標準。
舉凡公共設施、公家機關或是營業場所，
只要讓人有排斥或是厭惡的感覺，都有可能是嫌惡設施。
但普遍大眾無法接受，就是公認的嫌惡設施。

例 機場、葬儀社、焚化爐等等...

嫌惡設施不僅會影響居住品質，甚至也會影響到買賣的貸款額度及利率，
因為銀行的鑑價標準之一，就是參考建物周邊有沒有嫌惡設施。
因此大家在購買房屋前，也要先對周遭環境做功課，
確認有沒有相關設施，避免影響到未來轉售或是貸款喔！

■ 房價最高可達２５％價差

為什麼會說房價會出現價差的狀況，是來自於有無嫌惡設施的物件，
會影響到銀行對房屋的估價，也就是「貸款條件」。
如說物件周圍的３００公尺內區域有嫌惡設施，
通常房價會有５％～１０％的落差，
中古屋甚至會到２０％的差距。

部分銀行甚至不願意承辦距離嫌惡設施太近的房屋貸款，
因為未來的增值空間有限及轉手難度較高，
所以物件與嫌惡設施的距離是關鍵點之一。

理論上這些具有潛在公共危險的嫌惡設施，
不應該出現在人口密集的住宅區或是商業區，
但因為市中心人口增加，使得都市人口外移到郊區，
間接拉近原本在都是周圍嫌惡設施的距離。

■ 安全方面的嫌惡設施

只要建物方圓３００公尺內有像是機場、瓦斯行、加油站、電塔、變電所、電箱等設施，內政部是有要求仲介要告知買方的喔！

✈ 機場

會遇到日常的起降噪音、飛安疑慮存在，以及建物樓層線高，普遍都屬於低樓層物件。還有一個關鍵「航道」，也就是雖然不在機場周圍，但因為飛機會經過住家上空，那種噪音也是非常擾民。

⛽ 加油站及瓦斯行

車流量大且亂，如果不幸發生意外甚至會有火災、爆炸波及鄰近住宅等問題，至少與住家保持５００公尺以上的距離，才可以避開危險。

🗼 高壓電塔

高壓電塔周圍電磁波強，對人有失眠、影響身體健康等可能性，風災時也可能有倒榻、漏電的危險性。

🏭 工廠及工業區

可能會有噪音、惡臭、排放廢氣廢水等狀況產生，嚴重的會甚至會影響身體健康等。

■ 居家生活品質的嫌惡設施

下列這些都算是影響居家生活舒適度的嫌惡設施，其中像是焚化爐、垃圾場、墓園殯儀館等設施的周圍物件，價差甚至會到２５％的落差。

☯ 宮廟神壇

除了定期舉行的祭祀活動，焚燒紙錢造成的空氣污染也是影響之一。

殯儀館、墓地、靈骨塔

部分有宗教信仰的朋友會覺得殯儀館周邊陰氣較重，但就外在環境來說儀式所需的樂音是影響比較大的一點。

 高架道路、鐵路軌道

高架道路、捷運高鐵軌道等車輛行駛噪音難以阻隔，且若居高樓層隱私方面恐有疑慮。

 停車塔

外來車輛眾多，車流紊亂影響當地交通及居民出入安危。

 垃圾場、回收場、焚化爐

垃圾惡臭，環境髒亂、衛生條件不佳，而且焚化爐不僅只是垃圾惡臭，還有排出的空氣及進出的垃圾車也是隱憂之一。

 傳統市場

市場採購食物方便歸方便，但人聲叫賣聲及出入的人車也較複雜。

 特種行業

這類型行業出入人員紛雜難以管制，且生活作息與一般民眾相反。

 大型醫療院所

救護車跟民眾喧譁聲跟消毒水氣味道讓很多人不太能接受。

建議各位再買房選地點，除了考量通勤距離及生活機能外，嫌惡設施也務必加進評估重點內喔！

房屋瑕疵工注意

花錢「可以」解決的

A 滲水及漏水

不一定會有立即影響房屋結構的安全性，但絕對會影響住戶的居住品質，而且對購屋者的日常生活會有一定程度的不方便跟不舒適感。

品質不符

B 施工、建材瑕疵

比較多出現在預售屋的物件，根據法律行為性質判斷因為沒有達到約定的品質，就算構成瑕疵。

C 坪數不足及產權、使用權爭議

坪數不足

房屋坪數若有不足，建商必須退給購屋者全部應退金額，相反的如果交屋時房屋坪數如果有超出合約內容，購屋者視需要補貼給建商坪數面積的2%的金額為上限。

❗ 要注意！坪數面積假如短少超過3%，購屋者是可以和建商解除買賣契約的喔！

產權、使用權爭議

頂樓加蓋、陽台外推、夾層屋等，都有可能購入後，面臨遭拆除的狀況。

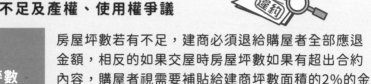

花錢「難以」解決的

A 凶宅

指建物（專有部分）是否有發生過兇殺、自殺、一氧化碳中毒或其他非自然死亡。

❗ 但這不包括自然死亡及在專有部分遭砍殺而陳屍他處之行為（即未陳屍於專有部分）。

B 海砂屋

主要是指建商興建房屋時，沒有使用「河沙」建造，而使用摻入海邊未經處理的「海砂」。

C 輻射屋

起因於1983年起發現多戶建築物鋼筋有輻射污染，俗稱輻射屋。

影響房價減損

瑕疵不動產價值減損的「**修復成本**」就是花錢可以解決的狀況。「**汙名價損**」的價值減損，就屬於花錢無法解決的情形，即使修復完畢，房屋仍有可能受到瑕疵問題的影響，增加未來房屋收益性及市場性的風險。

房屋瑕疵I注意

紀小姐最近買了一間中古屋，住一陣子發現強天花板居然開始漏水，把裝潢拆開來看發現竟然有壁癌，這才知道她買到一間有瑕疵的房屋。

一般來說，我們常見的房屋瑕疵有小至地磚破裂、屋頂或牆面漏水可以修繕的狀況，也有大至輻射屋、海砂屋等影響居住安全無法處理的問題。

今天阿明下凡來解答，為各位整理一帖『房屋瑕疵懶人包』，我們將其分為「花錢可以解決的」及「花錢難以解決的」，最後附上民法相關規定，
請各位安心服用。

■ 花錢<u>可以</u>解決的

A 滲水及漏水

漏水及滲水等狀況，雖然不一定會有立即影響房屋結構的安全性，但絕對會影響住戶的居住品質，而且對購屋者的日常生活會有一定程度的不方便跟不舒適感。

B 施工、建材瑕疵

這種施工工法及建材方面的瑕疵，比較多出現在預售屋的物件，像是建商沒有依照約定的工法施工及使用的建材與一開始約定的有落差等，這類型的情況根據法律行為性質判斷因為沒有達到約定的品質，就算構成瑕疵。

! 這邊提醒各位，相關的施工工法跟建材上的使用細節，建議各位都需要與建商用白紙黑字確認好。施工的品質好壞多半要到完工後才能見真章，合約載明清楚才可以避免交屋驗收時，因為雙方理解程度落差而形成爭議。

C 坪數不足及產權、使用權爭議

坪數不足

在《預售屋買賣契約書範本》第5條內容提到如果實際交屋的物件和當初預售屋買賣契約書裡寫的購買坪數有誤差時，就會產生房屋總金額「多退少補」的問題，稱為「坪數誤差找補」。房屋坪數若有不足，建商必須退給購屋者全部應退金額，相反的，如果交屋時，房屋坪數如果有超出合約內容，購屋者視需要補貼給建商坪數面積的2%的金額為上限。

> ❗ 要注意到，坪數面積簡如短少超過3%，購屋者是可以和建商解除買賣契約的喔！

產權、使用權爭議

頂樓加蓋、陽台外推、夾層屋等，都有可能購入後，面臨遭拆除的狀況。**尤其部分買賣廣告有宣傳『4+5樓，近50坪』等內容，其實就是在指「頂樓加蓋」，購入後可能會面臨拆除狀況喔！**

■ 花錢難以解決的

A 凶宅

關於凶宅多數情況會依照內政部「不動產委託銷售契約書範本」附件「不動產標的現況說明書」第11項的內容來定義是否屬於凶宅，就是指建物（專有部分）是否有發生過兇殺、自殺、一氧化碳中毒或其他非自然死亡，但這不包括自然死亡及在專有部分遭砍殺而陳屍他處之行為（即未陳屍於專有部分）。

以目前市場來說，賣方或仲介業者是要盡到告知購屋者的義務，原因在於凶宅這個條件已經會影響交易價格，進而成為房屋交易的重要資訊之一。假如賣方並未告知，會被歸類在交易上的重大瑕疵，買方可以透過民事訴訟主張減少價金或解除契約。

B 海砂屋

主要是指建商興建房屋時，沒有使用「河沙」建造，而使用摻入海邊未經處理的「海砂」。因為海砂中含有氯離子，這種成份會加速鋼筋腐蝕及混凝土病變，導致牆壁及天花板混凝土剝落、鋼筋外露鏽蝕等狀況發生，嚴重損害房屋的結構，縮短建築物壽命，影響居住安全。

C 輻射屋

起因於1983年起發現多戶建築物鋼筋有輻射污染，俗稱輻射屋。行政院原子能委員會公布截至目前已經發現的放射性污染建築物均為民國71年至民國73年間取得使用執照之建築物，且皆有造冊在網路上，每年會定期更新並送其所屬地政事務所，提供民眾在購屋時查詢。

- -

價值減損

如果是持有如海砂屋、輻射屋、傾斜屋等種類的瑕疵不動產，購屋者最擔心的就是「房價」。關於瑕疵不動產價值減損的「修復成本」就算是前面提到的花錢可以解決的狀況，除了購買房屋的費用外，還需要另外負擔將瑕疵部分修到好的「修復成本」。

「汙名價損」的價值減損，就屬於花錢無法解決的情形，即使修復完畢，房屋仍有可能受到瑕疵問題的影響，增加未來房屋收益性及市場性的風險。

■ 同場加映：民法相關規定

嚴格來說，《民法》第365條規定瑕疵擔保責任的時效是從標的物交付起算五年，但現今市場幾乎所有房屋仲介都說半年，是因為民法內有提及，買方在受領標的物時有檢查的義務，如果檢查時有發現瑕疵的狀況，應立刻通知賣方處理，若買方並未檢查或發現有瑕疵問題後並未立刻通知賣方處理，那麼從發現瑕疵起算六個月後，就無法要求賣方負責，但是，特別要注意到，假如是賣方故意不告知瑕疵者，就不適用此條款。

國家圖書館出版品預行編目(CIP)資料

一圖秒懂. 3/賣厝阿明著. -- 1版. -- 臺中市:彩酷行銷工作室
出版:臺灣厝買賣文化發展協會發行, 2022.12

面; 公分. -- (房產小百科)

ISBN 978-986-06546-1-5(平裝)

1.CST: 不動產業

554.89 111020637

一圖秒懂 ❸

作　者／賣厝阿明

發行人／李國興

共同發行人／臺灣厝買賣文化發展協會

　　　　　　社團法人新竹市不動產仲介經紀商業同業公會

　　　　　　住商不動產台北長安加盟店

　　　　　　台慶不動產北高華夏鑫富、高雄福山國小加盟店

　　　　　　中信房屋新莊副都心加盟店

編輯校正／李國興、邱明芳、葉美君、呂憶媚、李璟瑶、陳佳雯、廖雅惠

　　　　　陳佩君、曾江娜、江以懷、王興全

出版者／彩酷行銷工作室

地　址／台中市南屯區(408)向上南路一段163號12樓

電　話／(04)3600-8677　　傳　眞／(04)3600-8611

代 理 經 銷／白象文化事業有限公司

地址／403台中市東區和平街228巷44號

電話／04-2220-8589　　傳眞／04-2220-8505

ISBN／978-986-06546-1-5

版　次／2022年12月1版1刷

定　價／480元